Schwester Karoline Mayer / Angela Krumpen

Jeder trägt einen Traum im Herzen

Das Buch

»Wie macht sie das nur? Woher hat sie nur diese Energie?« Das ist eine berechtigte Frage: Woher hat Schwester Karoline Mayer nur so viel Kraft? Wer sie trifft, spürt ihre Dynamik, ihre Entschlossenheit. Viele Menschen erinnern sich lange an die Begegnungen mit ihr.
Aber deswegen ist sie nicht anders als wir. Was sie kann, können wir auf unsere Weise auch. Denn ich bin zutiefst davon überzeugt, dass wir alle dieselben Fähigkeiten haben, um unsere Träume zu leben. Aber wie so vieles andere können wir es nicht von alleine, nicht automatisch. Beim Laufenlernen werden wir beispielsweise auch gehalten und unterstützt. Unsere Träume hingegen müssen wir oft verteidigen. Möglicherweise werden wir sogar dafür ausgelacht. Wenn ich in diesem Buch von Karolines Traum erzähle, dann, damit ich meinen Teil dazutun kann, dass genau das nicht passiert. Mein Traum ist es, dass niemand seine Träume aufgibt.«
Angela Krumpen

Die Autorinnen

Karoline Mayer, geb. 1943, gerne »Mutter Teresa Lateinamerikas« genannt, lebt seit 1968 in den Armenvierteln von Chile mit den Ärmsten der Armen. Sie ist Gründerin der Fundacíon Cristo Vive. In Chile, Bolivien und Peru ist daraus ein großes soziales Netzwerk mit Krankenstation, Schulen, Kindergärten entstanden. Für ihr Lebenswerk wurden ihr zahlreiche Auszeichnungen verliehen, u.a. das Bundesverdienstkreuz, die Kardinal-Frings-Medaille des KSI der Erzdiözese Köln und der Edith-Stein-Preis.

Angela Krumpen ist freie Radiojournalistin, Moderatorin und Autorin. Sie konzipierte und moderierte u.a. die Sendung »Menschen« beim Domradio Köln, zudem veröffentlichte sie zahlreiche Bücher. Sie lebt mit ihrer Familie in Tönisvorst.

Schwester Karoline Mayer / Angela Krumpen

Jeder trägt einen Traum im Herzen

Von der Kraft, die alles ändern kann

HERDER

FREIBURG · BASEL · WIEN

HERDER spektrum Band 6949

MIX
Papier aus verantwortungsvollen Quellen
FSC® C083411
FSC
www.fsc.org

Neuausgabe 2017

www.herder.de

Umschlaggestaltung: Verlag Herder
Umschlagmotiv: © Bertram Walter

Satz: de·te·pe, Aalen
Herstellung: CPI books GmbH, Leck

Printed in Germany

ISBN 978-3-451-06949-9

Inhalt

Vorwort: Von der Kraft, die alles ändern kann

Es war eine kurze Nacht gewesen. Trotzdem war das Frühstück früh angesetzt. Aus ganz Deutschland waren die Menschen gekommen, um zu gratulieren. Nach den Reden wurde gefeiert. Und die kleine, zierliche, siebzig Jahre jung gewordene Jubilarin hatte keine Aufforderung zum Tanz ausgelassen. Als ich selbst ins Bett ging, war die Nacht zwar nicht mehr jung. Die Hauptperson aber sah ich noch Gespräch um Gespräch führen, Menschen umarmen, Freunde herzen.

Als ich mich am nächsten Morgen mit schweren Augen zum Frühstück quälte, waren die Tische für über hundert Menschen eingedeckt. Es duftete nach Kaffee und Tee. Zwischen den Tischen wieselte die Hauptperson des Abends herum, richtete hier den Brötchenkorb, fügte dort die Aprikosenmarmelade hinzu. Alle anderen rieben sich die Augen und fragten, was immer alle fragen: »Wie macht sie das nur? Woher hat sie nur diese Energie, diese Kraft?«

Das ist eine berechtigte Frage: Woher hat Sr. Karoline Mayer nur so viel Kraft? Wer ihr begegnet, kommt unweigerlich mit ihrer kraftvollen Energie in Kontakt, wobei sie immer als Erstes klarstellt: »Ich bin die Karoline. Und ich bin selbst mit dem lieben Gott per Du.« Um dann mit ihrem durchaus umwerfenden Charme fortzufahren: Weil das so sei, halte sie es mit dem Rest der Welt auch so.

So habe ich Karoline in den zehn Jahren, in denen ich sie jetzt kenne, immer per Du und immer auf Augenhöhe mit Menschen jeden Alters und jeder Schicht sprechen hören: von ganz arm bis ganz reich, ganz ohne Ausbildung und hochakademisch, diesseits und jenseits des Atlantiks. Viele dieser

Menschen erinnern sich lange an die Begegnungen mit ihr. Als ich Schwester Karoline in Chile begleitete, passierte es immer wieder, dass Menschen im Bus, auf der Straße, in einer Kirche angelaufen kamen. In Europa ist das übrigens gar nicht so viel anders. Aber da kommen die Menschen gezielt dorthin, wo Karoline einen Besuch macht, eine Predigt hält, einen Vortrag oder eine Lesung hat. Und selbst in der Nähe von Jerusalem, wo Karoline nur zweimal in ihrem Leben für kurze Zeit war, ist es ihr so ergangen. In Chile wird Karoline meist freudig mit »Madre« oder »Hermana«, was »Mutter« oder »Schwester« heißt, begrüßt. Dann fragt man sie: »Erinnerst du dich noch?« und sprudelt los, was sie vor einem, vor zehn oder vierzig Jahren mit Karoline erlebt haben. In der Regel folgt eine Geschichte, in der Karoline ihnen geholfen oder Mut gemacht hat. Sehr oft sind es Geschichten, in denen das Leben eine ganz andere Wendung, eine Wendung zum Besseren genommen hat, weil Karoline darin aufgetaucht ist. Das wiederum ging nur, weil Karoline Mayer als junge Ordensschwester 1968 in Europa einschiffte und in Chile von Bord ging.

Während sich in Europa die Studentengeneration auflehnte und im Ungehorsam übte, übte sich die durchaus widerständige Karoline im Gehorsam gegenüber ihren Ordensoberen, obwohl diese ihr ihren ganz großen Traum, den Allerärmsten in China oder Indien als Ärztin und Ordensschwester beizustehen, verwehrten. Karoline durfte nicht nach Indien, der Orden verweigerte ihr zudem ein Medizinstudium. Was für eine schreckliche Enttäuschung für jemanden, der schon als kleines Mädchen von nichts anderem als einem »großen Krankenhaus« träumte, in dem es einmal arbeiten würde! Aber da Karolines Weg eben erst einmal in diesen Orden geführt hatte und sie außer Armut auch Gehorsam gelobt hatte, folgte sie dem Willen ihrer Oberen und ging schweren Herzens ins reiche katholische Chile.

Dass sie dort auch noch reiche katholische Mädchen unterrichten sollte, ging dem Traum in ihrem Herzen zu weit. Das Herz schlug Alarm und Karoline suchte nach Auswegen.

Der Orden bestimmte, dass sie Universitätskrankenschwester werden sollte. Eine universitäre Ausbildung, die in Deutschland den Kenntnissen und Fähigkeiten eines Assistenzarztes entspricht, sodass der Traum immerhin noch aufschimmerte. An der Universität traf Karoline junge, idealistische Studenten, die ihre Wochenenden im Armenviertel verbrachten, um den Menschen dort zu helfen. Als Karoline sich ihnen anschloss, erlebte sie ihr blaues Wunder: Ihr war, als wäre ihr Traum Wirklichkeit geworden, als spazierte sie in seinen Kulissen umher. Im scheinbar so reichen Chile stand Karoline plötzlich im nackten Elend. Sie hatte die Menschen gefunden, die am Rand und im Schatten der Großstädte verelendeten. Es fehlte ihnen an allem: an Wasser, Nahrung, Obdach, medizinischer Hilfe. Die Menschen mussten mit ansehen, wie ihre Kinder verhungerten und dass sie, so hart sie auch arbeiteten, nicht den Hauch einer Chance hatten, dem Elend zu entfliehen. Karolines Herz blühte auf: Sie war in ihrem Traum angekommen. Und damit an dem Platz in ihrem Leben, nach dem sie gesucht hatte, seit sie ein kleines Mädchen war.

Damit sie an diesem Platz ihren Traum aber auch ganz leben konnte, musste Karoline oft genug äußere und innere Widerstände überwinden. Zu den äußeren zählten beispielsweise die Ordensregeln: Die Behandlung eines Typhuspatienten war ihr wichtiger als die Gebetszeiten im Kloster. Das konnte auf Dauer nicht gutgehen. Außerdem spürte Karoline, dass sie den Menschen nur wirklich helfen konnte, wenn sie nicht im Reichenviertel lebte, sondern das ganze Leben mit ihnen teilte. So setzte sie gegen große Widerstände – auch aus der obersten

Ordensleitung in Rom – durch, dass sie mit zwei Schwestern ins Armenviertel umziehen konnte.

Und dann waren da noch die inneren Widerstände: Überzeugungen, (Vor-)Urteile, scheinbare Gewissheiten. Vielleicht ist es Karolines größte Stärke, dass sie wirklich hinschaut, selbst denkt, ihre eigenen Schlüsse zieht. Sie will Ernst machen mit dem Evangelium, auf ihr Leben anwenden, was Jesus sagt. Und wenn das dem widerspricht, was die Kirche sagt, was ihre Ordensoberen sagen, was die gesellschaftlich Mächtigen sagen, dann versucht sie alles, um ihre Position zu verdeutlichen. Hilft das nicht, dann geht sie eben ihren eigenen Weg, folgt ihrem Traum, den so viele nicht verstehen. Jedenfalls nicht ihre Ordensoberen.

Karoline musste Chile verlassen, ein Ort, der gesellschaftlich zu zerreißen drohte. Seit 1970 versuchte der promovierte Arzt Salvador Allende auf demokratischem Weg eine sozialistische Gesellschaft in Chile, mehr Gerechtigkeit und die Teilhabe der Armen an der Gesellschaft zu erwirken, und zwar gegen den erbitterten Widerstand der Reichen und Mächtigen im Land und auch bekämpft von den USA. So verwundert es nicht, dass der CIA Karoline im Visier hatte. Ihrem eigenen Orden war sie zu politisch, was im März 1973 zu ihrer Ausweisung aus Chile führte. Den Putsch am 11. September 1973, der das Land später in das Elend einer siebzehn Jahre währenden Militärdiktatur stürzte, erlebte Karoline von Deutschland aus. Freunde von ihr verschwanden und wurden ermordet. Sie, die doch den Menschen in den Armenvierteln versprochen hatte, dass die Kirche sie nie mehr im Stich lassen würde, wusste nun, was zu tun ist, was sie tun musste, wenn sie ihren Traum nicht verraten wollte. Sie trat aus dem Orden aus, stieg ins nächste Flugzeug und kehrte als Privatperson zurück.

Weihnachten 1973 stand sie in der Kapelle des Armenviertels vor dem Altar und gründete mit einigen anderen die

»Comunidad de Jesus«, eine kleine Schwesterngemeinschaft, die dem Bischof unterstellt ist. Karoline wusste, was sie riskierte, als sie völlig ungesichert in die Diktatur flog. Sie setzte alles auf eine Karte. Bis heute hat sie weder eine Krankenversicherung noch eine andere Absicherung. Sie ist mittellos und verdient kein Geld.

Was eine Militärdiktatur bedeutet, war ihr, die schon als junges Mädchen alles über die Diktatur der Nazis wissen wollte, immer klar. Mitarbeit im gewaltlosen Untergrund, dem sie sich sofort anschloss, um den Menschen zu helfen, bedeutete aber auch, das eigene Leben zu riskieren. Jesus hat sein Leben aufs Spiel gesetzt. Karoline wollte seine Nachfolge antreten. Konsequenterweise hieß das dann für sie, auch ihr Leben aufs Spiel zu setzen, wenn es notwendig wäre – kluges, beherztes, verschwiegenes, vernetztes Handeln zuvor vorausgesetzt.

Karoline lebte fortan im vollen Bewusstsein dieser Gefahr. Verhöre, Autobomben oder ins Haus geschickte Särge ließen auch keinen Zweifel daran, wie groß sie war. Und seit 2013 Karolines Geheimdienstakte aufgetaucht ist, kann sich jeder schwarz auf weiß davon überzeugen, wie sehr ihr Leben tatsächlich bedroht war. Vielen Menschen rettete sie das Leben, indem sie sie versteckte, ins sichere Ausland schleuste oder aus dem Gefängnis holte.

Beim Besuch von Papst Johannes Paul II. war Karoline federführend verantwortlich für die Ausstattung der Bühne bei einer großen Veranstaltung im Freien. Sie entschied sich, die Bühne wie eine Hütte aus dem Armenviertel zu gestalten, denn ursprünglich hatte der Papst ein Armenviertel aufsuchen wollen, was aber die chilenische Regierung verhinderte. Da ihm ein persönlicher Besuch verwehrt wurde, wollte Karoline nun die Welt der Armen auf diese Weise zum Papst bringen. Ohne dass Karoline davon wusste, erzählten während dieser Veranstaltung zwei ihr bekannte junge Menschen aus dem Armenviertel unzensiert und landesweit vor laufenden staatlichen Kameras vom Leiden unter der Militärdiktatur und der Armut. Beide sollten schrecklich dafür büßen, nachdem der Papst das Land wieder verlassen hatte. Sie wurden verhaftet, verhört und gefoltert. Beide sagten später zu Karoline: Das ist der Preis, den wir für die Wahrheit zahlen mussten. Der hohe persönliche Preis zahlte sich aus: Die todesmutig ausgesprochene Wahrheit war der Anfang vom Ende des Regimes. Sie war einer der Schritte auf dem Weg zum Referendum, das 1990 das Ende der Militärdiktatur und der Schreckensherrschaft von General Pinochet brachte.

Mit der Diktatur war der Neoliberalismus in seiner brutalsten Form ohne Widerstand in Chile eingeführt worden und hatte alle gewachsenen, solidarischen Strukturen zerstört, sodass es schier unmöglich schien, sie in der neu eroberten Demokratie wieder aufzubauen und an die Zeiten vor der Diktatur anzuknüpfen. Der Kampf gegen den Neoliberalismus, der in alle Sphären des gesellschaftlichen, politischen, wirtschaftlichen und kulturellen Lebens eingedrungen ist, war nun eine neue Herkulesaufgabe, die Karoline mit ihren Mitstreitern in Angriff nahm und die sie bis heute herausfordert, die neben der Drogenproblematik und dem politischen Unwillen, etwas für die Armen zu tun, noch immer ihr größter Widersacher ist. Trotzdem ist Unglaubliches entstanden: Kindergärten, Frauenwerkstätten, Drogenrehabilitationseinrichtungen, Gesundheitszentren mit modernster Medizin, die für die Armen kostenlos sind, und Einrichtungen für Obdachlose. Darüber hinaus hat sich ihr Werk schon längst von Chile bis ins bolivianische Hochgebirge und in die Armenviertel in Peru ausgebreitet. Oder ist es ihr Traum, der sich so beharrlich und unaufhaltsam ausbreitet?

Hunderte von Menschen haben sich Karoline angeschlossen. Sie haben gemerkt, dass ihre eigenen Träume denen von Karoline ähneln. Sie haben einen Platz gefunden, um dem Traum, der in ihrem Herzen seine Rechte forderte, eine Gestalt zu geben: Juristen, Ärzte, Architekten, deutsche Lehrer, Mütter und Väter in den Armenvierteln, junge Freiwillige aus Deutschland, der Schweiz, Luxemburg und Österreich, Idealisten und Pragmatiker. Über die Jahrzehnte haben Tausende von Menschen über kürzer oder länger, meistens jedoch länger ihre Träume mit denen von Karoline verwoben. Ermutigt, angesteckt und gestärkt fanden sie ihre eigenen Ideen, ihre eigene Kraft und ihr eigenes Glück.

Ich bin Journalistin. Ich beobachte die Welt, berichte über das, was ich beobachte. Hoffentlich so, dass es den Menschen nützt. Kennengelernt habe ich Karoline auf einer großen Bühne vor Tausenden von Menschen. Das war im Jahr 2005 beim Kirchentag in Hannover. In der »Halle der Spiritualität« ging es um die großen Stationen auf dem spirituellen Weg: Sehnsucht, Aufbruch, »dunkle Nacht«. An diesem Nachmittag war das Thema das »beherzte Handeln zwischen Macht und Demut« auf diesem Weg. Unvergesslich, wie Karoline mit einer einzigen schlichten wie kraftvollen Geste die Herzen der Menschen in der Halle öffnete: Spontan kniete sie sich hin, verkörperte ihre Haltung, sagte alles, was es über Macht, die nicht korrumpiert, zu sagen gibt. Buchstäblich vom ersten Moment an war mir klar, dass mir hier jemand begegnet war, nach dem ich immer gesucht hatte.

Seit ich denken kann, bin ich auf der Suche nach dem, was uns zu den Menschen macht, die wir in Wahrheit sein könnten. Nach dem, was uns so wachsen lässt, dass wir die, die wir doch in Wirklichkeit schon sind, auch werden können. Dass wir über unsere Ängste und Verzagtheit, Feigheit und Trägheit hinauswachsen, damit wir ein Leben führen können, das sich mutig für Gerechtigkeit, für ein gutes Leben für alle Menschen einsetzt. Immer schon habe ich mich gefragt, wie ich mich, wie wir uns in diese Richtung entwickeln können, habe Menschen gesucht, die diesen Weg schon gehen. Die Antwort war in der Regel, dass ich nach etwas suchte, was es nicht gäbe. Ich sei auf einem Irrweg. So sei die Welt nun mal nicht. Und die Menschen schon dreimal nicht. Aber der Traum in meinem Herzen redete anders. Und als ich fast geneigt war, zu resignieren und anzunehmen, dass mein Traum irrt und alle anderen um mich herum doch recht hatten, wenn sie mich eine unverbesserliche Utopistin nannten, trat Karoline in mein Leben. Seitdem weiß ich: Mein Traum lügt nicht.

Als mir, der Radiojournalistin, die Frage gestellt wurde, ob ich Karolines Leben aufschreiben würde, sagte ich ohne zu zögern Ja, auch wenn ich keinen Schimmer hatte, ob ich dem gewachsen wäre. Natürlich, auch Radioleute schreiben. Aber vielleicht nicht gleich ein Buch. »Ein Abenteuer«, würde Karoline sagen. »Eine mächtige Herausforderung«, fand mein Herz. Wie sehr freute ich mich deshalb, als später Leser von Karolines Biografie »Das Geheimnis ist immer die Liebe« zu mir kamen und verwundert berichteten, wie politisch diese kluge Nonne doch sei. Und wie viel Mut ihnen die Lektüre gemacht hatte.

Das Buch war aber nicht nur für die Leser, sondern auch für Karoline von großem Nutzen. Endlich war ihre Geschichte erzählt. Die ganze Geschichte, nicht nur die Häppchen, die Mosaiksteine, die sie selbst an einem Abend erzählen kann. So wunderbar sie das tut und so sehr sie alle in ihren Bann zu ziehen vermag, es blieben immer Dinge offen. Nie war Zeit und Raum, um das ganze Bild zu malen, damit ein wirkliches Verständnis entstehen konnte. Karolines Geschichte war nun also in der Welt, zum Nutzen für sie und ihre Leser. Damit hätte dieses Kapitel in meinem Leben zu Ende und ich zufrieden sein können.

Ich war aber nicht zufrieden. Ich blieb unruhig und spürte, dass die Geschichte noch nicht zu Ende erzählt ist. Ich brauchte noch eine Weile, um zu begreifen, was fehlte. Unterdessen beobachtete ich weiter all die vielen Abenteuer, die sich in Karolines Leben und dem der Menschen um sie herum diesseits und jenseits des Atlantiks ereigneten. Ich tauchte in eigene Abenteuer mit Karoline in Chile, Deutschland und Israel ein, betrieb weiter, was ich im Stillen »mein Karolinestudium« nannte. Ich wollte im ersten Schritt ergründen, was Karoline hat wachsen lassen, um es im zweiten Schritt aufzuschreiben und es so in einem dritten, dem eigentlichen Schritt, zugänglich zu machen. Ermutigt haben mich dabei Erkenntnisse aus der asiatischen Spiritualität und den ihr eigenen pragmatischen Vorstellungen davon, wie Menschen sich entwickeln. Sie haben mich überzeugt, dass man zur Entwicklung ermutigt werden kann, dass man Haltungen, Mut und Hoffnung von Menschen, die diese Dinge in sich gefunden haben, lernen kann. Werden sie zu ihren Einsichten und Erfahrungen befragt, geben sie Auskunft, damit die Fragenden die Dinge selbst in sich finden können.

An diesem Modell entwickelte ich meine Leitfrage: Wie muss ich von Karolines Traum erzählen, damit jeder Leser verstehen kann, dass es dabei um ihn geht, um seinen Traum, und nicht nur um den einer großen Lichtgestalt, die Karoline natürlich ist? Aber deswegen ist sie nicht anders als wir. Was sie kann, können wir auf unsere Weise auch. Denn ich bin zutiefst davon überzeugt, dass wir alle dieselben Fähigkeiten haben, um unsere Träume zu leben. Im Prinzip jedenfalls. Aber wie so vieles andere, zu dem wir im Prinzip fähig sind, können wir es nicht von alleine, nicht automatisch. Auf zwei Beinen zu laufen wird uns Menschen zwar in der Regel in die Wiege gelegt, lernen müssen wir es dennoch. Zum Laufenlernen werden wir angehalten und darin unterstützt. Unsere Träume hingegen müssen wir oft verteidigen. Möglicherweise werden wir sogar dafür ausgelacht. Wenn ich in diesem Buch von Karolines Traum erzähle, dann, damit ich meinen Teil dazutun kann, dass genau das nicht passiert. Mein Traum ist es, dass niemand seine Träume aufgibt.

Mir war klar: Wir können nicht Karolines Traum leben. Das kann nur sie selbst. Und so kann auch sie nicht unsere Träume träumen. Das können nur wir selbst. Doch wenn meine Überzeugung stimmt, dass wir in der Essenz, im Wesen alle gleich sind, dann gilt, dass wir unsere Träume genauso leidenschaftlich, gründlich, mutig, radikal, konsequent, kreativ und erfolgreich leben können wie Karoline den ihren. Diesen »Beweis« wollte ich antreten. Also musste ich weiterschreiben. Ein neues Abenteuer, auf das sich dieses Mal Karoline einlassen musste. Und dieses Mal war sie es, die ohne zu zögern Ja sagte.

So haben wir uns wieder getroffen. Ich habe gefragt und Karoline hat erzählt. Doch dieses Mal durfte ich nicht nur Karoline erzählen lassen. Genauso wichtig war es, die Menschen zu Wort kommen zu lassen, die von ihr ermutigt wurden, ihre Träume zu verwirklichen. Dafür bin ich ein zweites Mal nach Chile zu Karoline ins Armenviertel gereist und habe die Gastfreundschaft vieler Menschen dort genossen. Ich habe offene Herzen gefunden, die mir bereitwillig Einblick in ihre Träume gewährten und Zugang zu den Orten verschafften, die über der Verwirklichung der Träume entstanden sind. An diesen Orten geht es ohne Zweifel gerechter zu. Hier schöpfen die Menschen Hoffnung, finden Hilfe und sind glücklich.

Während ich das Vorwort zur Erstausgabe dieses Buches im Januar 2015 schrieb, wurde Paris von schrecklicher, terroristischer Gewalt erschüttert. Ziel waren Journalisten, die sich trotz massiver Drohungen nicht einschüchtern ließen und weiter mit ihren Mitteln – Satire, Provokation und Spott – an einer freien, gerechteren Welt arbeiteten. Die für ihre Freiheit, zu sagen, zu schreiben und zu zeichnen, was sie denken, mit ihrem Leben bezahlt haben. Einen höheren Preis kann niemand zahlen.

Schon vorher grassierte bei vielen Menschen in Deutschland und Europa die Angst vor islamischer Überfremdung. Sie fühlten sich einer nicht fassbaren – und vielleicht deswegen als übermächtig empfundenen – Bedrohung ausgesetzt. Der Terror ist Wind in den Segeln ihrer Ängste, die doch immer nur noch mehr Ausgrenzung und Intoleranz nach sich ziehen.

Seit dem Terroranschlag auf die Journalisten des Satiremagazins »Charlie Hebdo« hat sich das Leid, das Terroristen über wahllos ausgewählte Opfer bringen, vervielfacht: Die Menschen in Paris traf es am 13. November desselben Jahres ein zweites Mal mitten ins Herz, die Menschen in Brüssel am 22. März 2016, die Menschen in Nizza am 14. Juli 2016 und kurz vor Weihnachten 2016 ist auch noch Berlin hinzugekommen – um nur vier weitere Anschläge und nur solche in unserer Nähe zu nennen. Jedes Mal, ob nah, ob fern, kommen Terroristen ihrem Ziel, Angst und Hass zu säen, näher. Jedes Mal müssen wir neu entscheiden, uns diesem Ziel nicht zu beugen. Bei aller Trauer und aller Wut halten wir an freien, offenen Gesellschaften fest und müssen dennoch mit Zuversicht und Mut auf die Anschläge reagieren.

Man könnte auf die Idee kommen, in diesen Zeiten von Terror und Gewalt seien Bücher über Träume das letzte, was wir brauchen. Aber die echten Träume haben nichts Verträumtes. Sie sind keine naiven Spinnereien. Wir träumen sie nicht nachts mit geschlossenen Augen. Die echten Träume sind die, die wir wachen Auges der Wirklichkeit entgegensetzen. Überall dort, wohin das Leben uns stellt: als Nonne in ein Armenviertel, als Satiriker in das Herz von Paris oder als Journalistin an einen Schreibtisch. Es ist eine Entscheidung, sagt Karoline, ob wir auf unsere Träume hören – oder nicht. Und es ist eine Entscheidung, ob wir die Kraft, die darin für uns alle liegt, nutzen.

Meine Hoffnung im Januar 2015 war es, Karolines Traum und die Geschichten aller anderen in diesem Buch so zu erzählen, dass sie inspirieren und ermutigen. Meine Hoffnung heute, im Dezember 2016, ist es, dass in den Geschichtsbüchern nicht die Menschen das letzte Wort haben werden, die für die Zeitenwende in den USA und für den Brexit gestimmt haben. Sondern diejenigen, die an gleiche Rechte für alle glauben und für die Meinungsfreiheit ein hohes Gut ist.

Ich glaube an die Kraft von Worten. In Zeiten von personalisierter Politik, die oft über Emotionen transportiert und manchmal schon »postfaktisch« bezeichnet wird, beweisen Worte – als Worthass im Internet – auf übelste Weise selber, dass sie Waffen werden. Worte können Gewalt ausüben, ja.

Aber sie können auch, ganz im Gegenteil, stärker als Gewalt sein, Gewalt überwinden. Worte können Herzen berühren und Menschen bewegen, aufwecken und mobilisieren. So sehr, dass sie ihre eigenen Träume in die Welt bringen. Und so die Welt ein Stück sicherer zu machen. Mutiger. Und glücklicher.

Den großen Traum von einer guten Welt für alle können wir sowieso nur gemeinsam träumen. Dom Helder Camara hat es gesagt: Wenn einer alleine träumt, ist es nur ein Traum. Wenn viele gemeinsam träumen, ist es der Beginn einer neuen Wirklichkeit!

Wir sollten schleunigst anfangen zu träumen.

Angela Krumpen im Dezember 2016

Morgenröte: Jeder trägt einen Traum im Herzen

»Ein großes Krankenhaus, irgendwo im Elend dieser Welt, am besten in Asien. Ein Krankenhaus für alle, die arm und krank sind, damit sie darin gesund und froh werden können – davon habe ich als kleines Mädchen geträumt. Wer Albert Schweitzer ist, das war noch nicht zu mir in unser oberbayerisches Dorf gedrungen. Als ich aber später von ihm und seinem Krankenhaus in Lambarene höre, dem wohl berühmtesten aller Urwaldkrankenhäuser, weiß ich: So, genau so, soll mein Leben auch werden. Albert Schweitzers Traum, für die Menschen da zu sein, ihnen einen Ort zu geben, an dem sie trotz aller Armut Gesundheit und Würde, also Leben finden – das ist mein Traum. Und leben will ich meinen Traum bei den Armen in Indien oder China.

Aber Gott schickte mich ins reiche Chile. In meinem Traum arbeitete ich als Ärztin in meinem Krankenhaus. Aber alles, was mein Orden mir erlaubte, war, ein Studium zur Universitätskrankenschwester zu beginnen. Was für eine bittere Enttäuschung – und was für eine Herausforderung! An der Universität traf ich beinahe ausschließlich auf Kommilitonen, die ihren Marx und das rote Buch, die »Mao-Bibel«, unter dem Arm trugen und mir, die ich in meinem langen Ordenskleid und mit Schleier zwischen ihnen saß, die Frage stellten, wie ich denn mit meiner Bibel die Welt ändern wolle. An den Wochenenden arbeitete ich mit meinen Kommilitonen an den Rändern der Stadt, an denen die Studenten sich aufmachten, um die Welt zu verbessern. Die Armen, die ich in China suchen gehen wollte: Hier waren sie. Überall.

Auch ganz in der Nähe meines Konventes. In den ersten Semesterferien lief ich (mit der Erlaubnis des Ordens) die Straße, die hinter unserem Ordenshaus begann und zu den Bergen führte, hinauf. Ich wusste es noch nicht, aber die Straße endete mitten im Herzen meines Traumes: Nach zwanzig, vielleicht fünfundzwanzig Minuten stand ich in den ›Areas Verdes‹, den grünen Weiden. Der Humor der Armen war zynisch: Was sie grüne Weiden nannten, war nichts als eine graue Müllhalde. Die Menschen hatten hier klapprige, löchrige Bretterverschläge gebaut, um darin mit ihren Kindern zu hausen. Als ich das erste Mal dort stand, all die vielen verlausten Kinder mit ihren aufgeblähten Hungerbäuchen und tiefen Höhlen um die verschatteten Augen sah, überkam mich eine tiefe Gewissheit: Ich war angekommen. Hier würde ich mein Leben verbringen. Das hier war sie, die ›Sendung‹, die Aufgabe, die ich gesucht, auf die ich gewartet hatte. All die Jahre hatte mich mein Traum angelächelt. Jetzt war er aufgewacht. Oder genauer: Jetzt war ich in ihm aufgewacht. Ich war glücklich wie nie zuvor in meinem Leben. Ein Glück, das nie wieder aus meinem Herzen ausziehen würde.«

Hunderte Male habe ich diese Geschichte erzählt, wenn die Menschen mich fragten, wer ich bin, was ich mache, warum ich glücklich bin. Wenn sie dann hörten, dass ich seit über vierzig Jahren in den Armenvierteln Lateinamerikas lebe und was hier in drei Ländern, in Chile, Bolivien und Peru, an Kindergärten, Drogen-Rehazentren, Polikliniken, das große Gesundheitszentrum in Santiago de Chile, in dem 22 000 Menschen modernste Medizin umsonst bekommen, Berufsschulen usw. entstanden ist, dann spüre ich bei vielen Bewunderung, wenn sie sagen: »Das ist so toll, was du tust. Aber ich könnte das nicht. Du bist stark und klug und hast so viel Kraft und Disziplin. Du bist etwas ganz Besonderes.« Nein, ich glaube, wir Menschen sind im tiefsten Herzen alle gleich. Wir alle wollen glücklich sein und ein gutes Leben führen. Die Wege dahin sind allerdings für jeden anders, gerade weil wir alle so unterschiedlich sind. Einzigartig. Mein Weg ist sicher ungewöhnlich. Und höchstens insofern besonders.

Jeder von uns trägt seinen Traum in seinem Herzen. Einen, den nur jeder selbst leben kann. Niemand von euch braucht ins Armenviertel zu ziehen, um glücklich zu werden. Es sei denn, es ist sein Traum. Dann natürlich schon. Aber ansonsten ist das einfach mein Traum, den ich bei den Menschen lebe. Niemand sollte ihn kopieren in der Hoffnung, dadurch selbst so glücklich zu werden, wie ich es bin. Wir sind alle besonders und alle verschieden, jeder ist einzigartig. Deswegen trägt jeder von uns seinen eigenen Traum in seinem Herzen.

Und so einzigartig wir selbst und unsere Träume sind, so vielfältig sind auch die Wege, auf denen sich uns unsere Träume offenbaren, und auch die Zeitpunkte, an denen sie sich zeigen. Da gibt es so viele Möglichkeiten. Seinen Traum in der Kindheit oder der Jugend in seinem Herzen vorzufinden, ist nur eine von vielen.

Ich habe Menschen kennengelernt, die viele Träume träumten. Dann kann man sich für einen entscheiden oder herausfinden, ob die Träume miteinander zu tun haben, sich untereinander verweben lassen. Andererseits gibt es gar nicht wenige Menschen, die davon träumen, dass ihnen überhaupt ein Traum erscheint. Einer, der ihrem Leben Sinn und Richtung gibt. Kein Wunder, wir leben heute in einer Welt mit tausend Optionen und noch mehr Entscheidungen. Das macht es oft so viel schwerer, sich auf den eigenen Weg durchs Leben festzulegen. Der nagende Zweifel, dass vielleicht doch eine der anderen neunhundertneunundneunzig Wahlmöglichkeiten die bessere gewesen wäre, kann sehr schwer auszuhalten sein.

Es gibt die großen Träume. Das sind die, die uns wie ein roter Faden im Leben begleiten und die wie das Blut in den Adern durch unsere Herzen wandern. Sie sehnen sich nach einer Erfüllung des Lebens, nach Selbstverwirklichung, nach Gottesbegegnung, nach Erleuchtung. All diese inneren Bewegungen, die verbunden sind mit Glück und Erfüllung. Die großen Träume sind in der Tiefe mit Sternen besetzt. Im großen Traum geht es darum, glücklich zu werden. Nicht alleine glücklich zu werden, sondern zusammen mit anderen daran zu arbeiten, dass die ganze Welt glücklicher wird. Wo das geschah, wo sich Menschen sammelten, die mit mir gemeinsam träumen wollten, wurde aus meinem Traum unser Traum. Manchmal wird dafür das Wort Frieden gebraucht. Eine friedlichere Welt, in der alle Menschen Würde haben. Im konkreten Leben gibt es immer Ereignisse, in denen diese Träume aufscheinen.

Daneben gibt es die kleinen Träume. Sie sind unsere ganz nahen Träume. Damit sie Wirklichkeit werden, heißt es für alle Träumer, Hand anzulegen, Fantasie und Kreativität zu nutzen, damit die Träume ihre Farben annehmen können.

Doch glaubt nicht, ihr könntet diese großen und kleinen Träume einfach leben. Oft fangen sie leicht an, zeigen sich, schweben fast mühelos in unser Leben, so wie es in einer großen Liebe von zwei Menschen am Anfang oft leicht und mühelos zugeht. Alles scheint möglich, die normalen Alltagsregeln gelten nicht. Aber so wie jede Liebe, die im Leben Bestand haben will, auch durch andere Zeiten geht, so verlangt auch jeder Traum, den ihr verwirklichen wollt, euch viel ab. Ohne Verzicht, ohne Opfer geht es nicht.

Und doch: Es lohnt sich, in genau diese großen und kleinen Träume seine Lebenskraft zu stecken. Das ist nicht immer so.

Es gibt Ziele und Träume, die sich anfühlen, als hinge unser Lebensglück von ihnen ab: das Traumhaus, der Traumjob, die Traumfrau, der Traummann. Nicht immer verbergen sich dahinter die Träume, die uns glücklich machen. Einige davon zielen auch nur auf unser eigenes, sehr vordergründiges Glück oder nicht einmal auf das. Dann gaukeln sie uns nur vor, dass wir glücklich würden. Aber das merkt ihr dann schon: Wenn ihr einem Traum nachjagt, der nur schale Leere und vergebliche Hohlheit hinterlässt, sobald er sich erfüllt, dann seid wachsam.

Es gibt Träume, die uns, wenn überhaupt, nur eine kleine, vorübergehende Befriedigung, einen kleinen Triumph, irgendetwas Materielles in die Hand geben. Das nährt unsere Herzen nicht. Wenn ihr die Ziele, die ihr euch für euer Leben setzt, erreicht, aber nicht wirklich glücklich werdet, dann gebt nicht auf, seid nicht zu enttäuscht. Jeder Weg, den wir gehen, kann uns so viel über unsere wahren Träume lehren.

Gleich, ob ihr noch nach euren Träumen forscht oder ob ihr nicht einmal wisst, ob ihr den Traum vom tiefen, großen Glück oder den vom oberflächlichen, flüchtigen Glück träumt: Bleibt bitte geduldig mit euch. Wenn ihr wach in eure Herzen schaut, dann wird jeder seinen Traum, den echten, zur genau richtigen Zeit finden.

Träume träumen sich in der Nacht. Damit sie keine Schäume bleiben, wollen sie tagsüber lebendig werden. Träume wollen sich verwirklichen, drängen danach, Wirklichkeit zu werden. Lasst uns deswegen unsere Träume nachts träumen und morgens in den Tag retten, dann werden sie wahr werden.

Die Träume des Herzens wahr werden zu lassen hat mir noch eine andere Erkenntnis oder besser eine Erfahrung beschert: die Erfahrung, wie viel Kraft ich habe, wie viele Kräfte in mir wohnen. Je dichter ich an den Träumen meines Herzens dran bin, desto mehr stehen mir diese Kräfte zur Verfügung. Es ist dann, als ob mein Herz aus dem Vollen schöpfen könnte, vor Ideen und Tatkraft, Kreativität und Einfällen sprudelt. Mein Herz ist die Batterie für ein Feuerwerk. Die vielen Bedenken, die sonst den Ideen immer so schnell den Garaus machen, noch bevor sie richtig in die Welt gefunden haben, haben dann nicht so viele Chancen. Diese Kräfte übersprudeln die Bedenken, bevor diese bleischwer die Ideen ersticken. Mit diesen Kräften ist es wie mit den Träumen: Sie sind etwas Universelles, sie stehen jedem Menschen zur Verfügung. Und es ist eine Entscheidung, sie zu nutzen.

In diesem Buch erzähle ich von meinem Traum: wie ich ihn gefunden habe, wie er bei mir geblieben ist, obwohl alles dagegen sprach, dass er das tun würde. Wie er mich immer neu nährt, neue Kräfte verleiht, andere Menschen inspiriert, mit zu träumen, Mut zu haben, wieder an die eigenen Träume zu glauben. Die Welt braucht, die Menschen brauchen jeden unserer Träume. Alle.

Dein Traum ist der, der dich anlächelt. Wer ihn findet und lebt, wird stark und lebendig werden. Und sehr glücklich.

Morgens: Wer an seine Träume glaubt, bekommt Kraft

Mein Traum hat sich immer selbst geträumt

An meine Mamita
Irgendwann ist es wieder zu mir über den großen Teich zurückgewandert: das kleine Fotobüchlein, das ich Weihnachten 1972 für meine Mutter gemacht hatte. Ein Heftchen im Querformat, seine Seiten sind heute beigegelb geworden, die Tinte darauf ist vergilbt. Damals hatte es gerade noch die Größe, um in einem Briefumschlag mit dem Schiff über den Atlantik zu meiner Mutter nach Pietenfeld bei Eichstätt in Oberbayern reisen zu können. Dorthin, wo ich aufgewachsen bin und meine Familie bis heute lebt.

Wie gemalt stehen die Worte »*Gruß aus Areas Verdes*« auf der ersten Seite über einer kleinen Skizze: Winzige, schiefe, mit ein paar Strichen hingeworfene Häuschen ducken sich auf einen angedeuteten Hügel. Darunter in großen Lettern »*An meine Mamita*«. 28 Seiten hat das Fotoalbum, die linke ziert meistens ein Schwarzweißfoto, die rechte ein kleiner Kommentar von mir. »*Areas Verdes ist euch bereits ein Begriff, da habe ich angefangen, da wohne ich jetzt und bin glücklich.*« So beginne ich hier, um meiner Mutter von meinem Leben am anderen Ende der Welt zu erzählen.

Ein Hund, drei Kinder. Ein Junge im Kindergartenalter, die kleinen Fäuste in die Seiten gestemmt, posiert breitbeinig und voller Stolz über die Tatsache fotografiert zu werden vor der Kamera. Neben ihm ein gleichaltriges Mädchen, die Augen müde, das ganze Gesichtchen wirkt wie das einer alten Frau. An ihrer Hand ein kleines Brüderchen, von Kopf bis Fuß mit

Dreck beschmiert, so als wäre es sehr lange nicht gewaschen worden. Die Kinder sehen aus, als spielten sie Vater, Mutter, Kind. Nur dass sie es nicht spielen: Diese Kinder müssen alleine klarkommen. Ihre Mütter gehen zu den Familien in den Reichenvierteln arbeiten. Die Wege dorthin sind weit und mühsam. Bis sie zurückkommen, sind die Kinder sich selbst überlassen. Da müssen schon die Kleinen für die Allerkleinsten Verantwortung übernehmen. »*Hier sind wir daheim, hinter ein paar Brettern und Blechen*«, habe ich neben das Foto des kleinen Trios geschrieben, das vor seinem Zuhause steht: ein kleines Viereck von Hüttchen, die vordere Seite ist ein Stück Wellblech. Daran waren einmal Bretter befestigt, die jetzt aber wie schlecht geschichtetes Feuerholz in sich zusammengefallen neben der Wand liegen, nur noch an wenigen Stellen mit dem Blech verbunden. Die entstandene Lücke gibt den Blick frei auf ein kleines Karree ohne Dach. Hier leben die Kinder. Meiner Mutter erkläre ich: »*Diese drei Spitzbuben haben, wie viele ihrer Nachbarskinder, nicht jeden Tag genug zu essen. Deshalb haben wir eine Kinderspeisung angefangen, hier in den Ex-Pferdeställen eines Großgrundbesitzers, gleichzeitig dient dieser ›Saal‹ auch als Kirche und Versammlungsraum. Beim Kochen helfen abwechselnd die Mütter der Kinder, die keine Arbeit haben. Die Menschen sind die Ärmsten der Armen, der Abschaum einer Weltstadt. Aber Gott ist unterwegs zu den Armen. Wir haben eine Comunidad Christiana gebildet und versuchen ein bisschen Urchristentum zu leben.*«

»*So, und nun lade ich euch in meine Villa ein*«, schreibe ich neben das Foto auf der nächsten Seite. Dieses Mal schaue ich stolz in die Kamera und notierte für meine Mutter: »*Sr. Cecilia und kleine und große Gäste, die bei uns den ganzen Tag nicht fehlen. Aber ich fühle mich so wohl dabei.*« Unter dem kleinen Vordach unseres Häuschens stehe ich in der Tür, vor mir eine Mutter mit drei Kindern und meine Mitschwester. Die Fensterläden sind offen,

Fenster hat die Holzhütte keine. 36 Quadratmeter ist sie klein, und ich wohne hier mit zwei Schwestern, die mit mir den Konvent im Reichenviertel verlassen haben, um mit den Menschen hier zu sein, ganz zu leben. Sie nicht immer nur tagsüber aufzusuchen, um dann abends wieder in das andere Leben zurückzukehren. Das ganze Leben mit den Menschen zu teilen, das war – das wusste ich sofort – die einzige Möglichkeit, ihr Vertrauen zu gewinnen. Nur so würden sie uns glauben können, dass wir es ernst meinen. Und mir war es ernst. Ich wollte nichts mehr, als hier sein und alles tun, damit sich diese vielen Menschen in ihrem großen Elend, das doch niemand wahrnehmen wollte, nicht vergessen fühlen.

4,5 Quadratmeter in dieser Hütte hatte ich für mich: Platz für ein schmales Bett, zwei Kisten, ein selbstgebautes Regal, ein paar Schachteln als Nachtschränkchen und Kommode. Es gibt noch mehr Bilder in dem Album für meine Mutter. Einige zeigen die Kinder in den beiden Kindergärten, die wir schon gegründet hatten. Achtzig Kinder konnten wir in dem größeren, der etwas weiter weg lag, aufnehmen. Mithilfe der Familien der deutschen Lehrer in Santiago hatten wir Bretter gekauft und die Väter hatten diesen Kindergarten gebaut. Aber die Menschen klagten, es gäbe viel zu wenige Plätze. Es blieben so viele Kinder übrig, die wir nicht aufnehmen konnten. »*Wenn mir ihre Eltern helfen, werden wir noch eine vierte Gruppe einrichten. Aber ich überlasse die Entscheidung dem guten Willen der Väter. Wenn sie gerne freiwillig mittun, so bin ich auch bereit. Wenn nicht, sind auch mir die Hände gebunden. Das Geheimnis dabei ist: Eine Kindergärtnerin muss bei mir die Kinder und die Eltern erziehen*«, schrieb ich meiner Mutter.

Die Bilder zeigen auch ein Sommerfest, bei dem viele kleine, frohe Kinder im Freien spielen, singen und lachen. Ohne Zweifel sind sie glücklich. Doch auf allen Bildern strahle ich um die Wette mit ihnen. Ob ich auf die Kinder oder jung und unbekümmert in die Kamera schaue, immer leuchten meine Augen. Wenn ich heute diese Bilder anschaue, kann ich es mit Händen greifen: Ich bin in mein Leben verliebt. Ich bin zutiefst glücklich. Dieses tiefe Glück war zu meinem Grundgefühl geworden, seitdem ich das erste Mal in dieser Población, dieser Siedlung, stand. Mein Herz war voll davon, dauernd sprudelte das Glück aus mir heraus. Für meine Mutter notierte ich: »*Es gäbe so viel zu erzählen. Jeder Tag ist so reich und so voll, dass ich ein Buch davon schreiben könnte. Mein Leben besteht aus nichts anderem als ›Zur-Verfügung-Stehen‹, wenn man mich braucht. Kaum, dass ich selbst etwas plane. Man ruft mich dahin und dorthin. Wenn ich zu Hause bin, komme ich kaum fort. Ich brauche nicht ›Der Nächste, bitte!‹ zu rufen, einer gibt dem anderen die Tür in die Hand. Aber ich bin glücklich. Es gibt eben nichts Schöneres, als für die anderen da zu sein.*« Und ich ende mit großen Worten: »*Die größte Liebe ist, sein Leben hinzugeben für seine Freunde.*« So zu lieben, das hatte ich immer gewollt, mir immer gewünscht. Hier konnte ich es. Dass es mich glücklich machen würde, hatte ich auch geahnt. Jetzt war aus der Ahnung Gewissheit geworden.

Wann dieses Ahnen begonnen hatte? Es kam aus einer inneren Vision, einem inneren Traum, meiner tiefsten Berufung. Schon als Kind hatte ich in der Nachkriegszeit Menschen in Not gesehen. Sowohl meine Eltern als auch meine Großeltern, die einen Bauernhof bewirtschafteten, hatten ein großes Herz und eine offene Tür. Hier klopften Menschen in Bedrängnis, und was sie brauchten, durften wir Kinder übergeben: Brot, Äpfel, auch mal ein paar Eier. Für mich war es damals als Kind schon eine Freude zu wissen, dass wir helfen und dazu beitragen können, dass es den Menschen besser geht.

In Deutschland war es dann bald soweit, dass niemand mehr hungern musste. Schon als Kind wollte ich aber auch wissen, was in der Welt »draußen« passiert, ich war immer sehr neugierig und interessiert. So wusste ich schon mit elf Jahren, dass es damals z.B. in China ganz große Not gab. Das hatte ich in den Heften der Weltmission gelesen. Dort wurde von der Armut unter den Menschen berichtet. Und dorthin wollte ich. Ich fühlte mich berufen, Ärztin zu werden, und wollte dann, wie ich es mir vorstellte, den vielen Kranken beistehen. Und natürlich auch zu essen geben. Ich hatte damals schon im Herzen das Bild, dass es viele Menschen sein sollten. Ich wollte ein ganz großes Krankenhaus bauen, in dem ich dann mitarbeiten würde. Ich rede jetzt von den Jahren 1954/55. Dieses Bild habe ich in mir selbst immer weiter geträumt.

Als ich in den Orden kam, wurde mir schnell klar, dass ich nicht nach China kann. Aber der Orden baute ein Krankenhaus in Indien, in Mumbai, genauer in Anteri. Da ich immer noch den gleichen Traum von einem großen Krankenhaus hegte, wollte ich so schnell wie möglich nach Indien. Natürlich war es vor dem Hintergrund besonders schwer, mich dann nach Chile schicken zu lassen. Aus den Erzählungen kannte ich nur das reiche Chile. Dass es in Lateinamerika so viel Armut gab, wusste ich nicht. Und dass ich meinen Traum auch in entgegengesetzter Richtung auf der Weltkugel finden würde, ahnte ich nicht einmal.

Mein Traum war mit mir gereist und hatte sich mir auch an dem Ort, an den ich überhaupt nicht gehen wollte, an den ich nur nach einem großen inneren Kampf und gegen Widerstand reisen konnte, gezeigt.

Heute weiß ich: Genau das ist eines der Kennzeichen für die echten, die großen Träume. Diese sind so tief in uns verankert, dass es immer Ereignisse gibt, in denen sie in unserem Leben aufscheinen. Auch wenn es oberflächlich so aussieht, als würden wir ein Leben führen, in dem das Gegenteil von dem zu passieren scheint, was wir uns für unser Leben erträumen – unser tiefster Traum, den jeder von uns in seinem Herzen trägt, bleibt immer bei uns. Er folgt uns, wohin wir auch gehen, wenn es sein muss, eben auch um die halbe Welt. Und er wird uns finden, wann immer die Zeit reif dafür ist. So wie bei **Maruja**.

Meine Mitschwester Maruja träumte als Mädchen von Kindern. Sie spielte mit ihren Freundinnen auf dem Land Hochzeit, heiratete im Spiel einen Fußballstar. Aber dann machte das Leben andere Pläne für sie: Als ihr Vater starb, war sie gerade siebzehn. Sie kümmerte sich um ihre jüngeren Geschwister und ihre Mutter, arbeitete als Kassiererin. Mit zwanzig fühlte sie die Berufung in sich, Missionarin zu werden. Sie wollte für Menschen da sein, die sie brauchten. Maruja verließ den Süden Chiles, folgte ihrem Traum nach Santiago und lebte hier mit zwei deutschen Schwestern zusammen. Sie studierte Lehramt und machte sich mit der Pädagogik von Maria Montessori vertraut. Über die deutschen Schwestern, die mit ihr zusammenlebten, lernte ich Maruja kennen, als wir gerade die allerersten Gehversuche mit dem Kindergarten machten. Seitdem haben sich unsere Leben verbunden. Seit mehr als vierzig Jahren schon.

War der Wunsch, Mutter zu werden, also nichts als ein Kleinmädchentraum? Ich glaube nicht. Maruja hat eine unglaubliche Intuition und ein wunderbares Einfühlungsvermögen für Kinder. Tausende haben davon profitiert. Nicht nur tagsüber, von Montag bis Freitag in den Kindergärten, sondern auch die vielen Kinder, die kürzer oder länger, mit oder ohne ihre Mütter unser Leben geteilt haben, bis wir ein neues Zuhause für sie finden konnten.

Den Traum, Mutter zu sein, den hatte Maruja allerdings aufgegeben. Doch dann kam der Tag, an dem die kleine Marisol vor ihr stand, ein Mädchen aus den Areas Verdes. »Du sollst mich adoptieren«, verlangte Marisol von Maruja. Mit einer unglaublichen Entschiedenheit und Hartnäckigkeit hat sie ihren Plan verfolgt. So kam es, dass Maruja Adoptivmutter wurde. Als wir Marujas siebzigsten Geburtstag feierten, sagte Carola, die jüngste ihrer drei Enkelinnen, die damals sieben Jahre alt war: »Am Tag deiner Geburt haben alle Blumen geblüht.« Die echten, die großen Träume folgen uns unser Leben lang, auch wenn es zwischendurch nicht immer danach aussieht.

Als ich die *Areas Verdes* betrat, war die Zeit für meinen Traum reif geworden. Areas Verdes heißt übersetzt »grüne Weiden«. Zynisch haben die Bewohner diesen Ort so getauft, denn in Wirklichkeit war hier nichts grün, sondern alles grau. Weiden gab es auch keine. Müll hingegen überall. Diese Welt mit all ihrer Not und ihrem Elend stimmte so sehr mit dem inneren Bild überein, das ich seit meiner Kindheit in meinem Herzen trug, dass ich wusste: Hier kann sich die Berufung meines Lebens erfüllen. Ich wusste, dass ich einen Ort gefunden hatte, meine Bestimmung zu leben. Ob das nun konkret der Ort war, an dem ich immer leben würde, das wusste ich nicht. Aber dass ich für diese Menschen da sein wollte, das war mir von einer Sekunde zur nächsten klar.

Ich war allerdings auch enorm schockiert von dem Elend, das mir begegnete. Ich war überwältigt und vor allem in meiner Ohnmacht überfordert. Ich wusste nicht, wo ich anfangen sollte. Was sollte ich tun? Wie sollte ich die Abwehr, das Misstrauen der Menschen überwinden? Ich hatte keine Ahnung. Ich fühlte nur: Hier will ich mich einsetzen und das Vertrauen der Leute gewinnen. Ich wusste tief in mir: Das ist der Beginn der Verwirklichung meines Traumes. Dazu bin ich auf die Welt gekommen. So ganz einfach habe ich das gedacht. Sei es dieser Ort oder ein ganz ähnlicher: Das wird mein Leben, meine Heimat werden.

Und so ist es auch gekommen. Dieser Ort ist meine Heimat geworden. Ein Krankenhaus für viele Menschen, wie ich es mir als kleines Mädchen gewünscht hatte, gibt es heute auch. Es sieht zwar anders aus als das Bild, das damals aus meinem Herzen kletterte. Es ist auch kein »richtiges« Krankenhaus. Das sage ich immer wieder, auch in Deutschland. Und doch passierte es nicht selten, dass Menschen bei mir auftauchten. Mal waren sie empört, mal enttäuscht, aber immer in ihrem Glauben an unsere Arbeit erschüttert, weil sie »das Krankenhaus« nicht finden konnten. Es ist eben kein Krankenhaus im engeren Sinn, sondern ein Gesundheitszentrum. Es hat keine Betten und nur einen kleinen Operationssaal für ambulante Eingriffe, aber es bietet über 22 000 Menschen, die fast alle aus dem Armenviertel der Stadtgemeinde Recoleta von Santiago zu uns kommen, modernste Medizin, von acht Uhr morgens bis um Mitternacht. Umsonst.

In unserem *Centro de Salud familiar*, so nennen wir unser Gesundheitszentrum, arbeiten 155 Mitarbeiter, dazu noch Freiwillige: Ärzte, Krankenschwestern, Hebammen, Psychologen, Sozialarbeiter, Zahnärzte, Pharmakologen, Techniker, Verwaltungsangestellte und Hilfskräfte. Über beinahe 2000 Quadratmeter erstrecken sich die verschiedenen Abteilungen in unserem Gesundheitszentrum, das 1996 eingeweiht wurde. Der bekannte chilenische Architekt German Brandez, der damals gleichzeitig auch ein Nobelhotel im Zentrum von Santiago baute, verdiente damit so viel Geld, dass er uns die Bauleitung schenken konnte. German Brandez wollte das Zentrum als eine »*Casa de salud*«, ein Haus der Gesundheit, für das Volk bauen. Die Menschen sollten sich hier wohlfühlen, sich eingeladen und nicht abgeschreckt fühlen durch das Gebäude. Denn immer waren die großen Prachtbauten auch Herrschaftssymbole: Die Paläste, Gerichte und die Häuser der Großgrundbesitzer sollten nicht nur prächtig und eindrucksvoll aussehen, sondern gleichzeitig auch die Menschen einschüchtern. Sie sollten sie demütigen, sie auf ihren Platz in der

Gesellschaft verweisen. Wer ganz unten war, sollte da auch bitte bleiben.

Ein Haus, das die Menschen, die hierher kommen, sich wünschten, sollte jedoch anders aussehen. Von außen sollte es nichts Einschüchterndes haben, das dazu führt, dass man die Schwelle kaum übertreten kann und außen vorgehalten wird. Es sollte klein sein, so wie die Häuschen und das Lebensgefühl der Menschen, aber genau dadurch auch einladend wirken. Und innen sollte es groß sein. So groß, dass alle Menschen und alle Gesundheitsdienste, die sie brauchen, darin Platz finden.

Von der Straße wird der Besucher durch zwei Tore eingelassen in einen Hof, der von einem in freundlichem Grasgrün gestrichenen Zaun mit eng gesetzten, hohen Gitterstäben umgeben, die das Gelände in Chile unvermeidlich einfrieden muss. Weiter vorne findet er einen schmalen, gepflasterten Weg, der ihn unter einem schattenspendenden oder vor Regen schützenden Dach zum Eingang bringt. Hier empfängt ihn eine rundherum von bodentiefen Fenstern gesäumte Halle. Vor den Fenstern sind Holzbänke für die Wartenden installiert. Die Mitarbeiter erwarten die Patienten hinter halbhohen Holztresen. An mehreren Stellen sind die Ärztezimmer, z.B. das der Allgemeinmedizin, der Augenärzte, der Frauenheilkunde und andere ausgeschildert, jeweils markiert mit unterschiedlichen Farben, die sich als schmale, gut sichtbare Streifen, die auf die Wände gemalt wurden, wiederfinden. Wer als Patient nicht lesen kann, kann diesen Streifen folgen und gelangt so an den richtigen Ort. Das Gebäude ist in sich verschachtelt, damit es eben nur von außen klein wirkt, innen aber doch groß sein kann. Alle Räume sind um einen Innenhof gruppiert, in dem die Bäume, die wir 1996 zum Einzug gepflanzt haben, heute hoch wachsen und uns Schatten und Ruhe spenden. Entlang der Straße haben wir damals ebenfalls Hunderte von Bäumen angepflanzt. Hochgewachsen seit dieser Zeit, verwandeln sie die Zufahrt zum Gesundheitszentrum nun in eine Allee. Davon gibt es im Armenviertel nicht viele.

Heute wird das Gesundheitszentrum vom chilenischen Staat finanziert. Und viele der Hilfskrankenschwestern und Mitarbeiter in der Verwaltung und im Unterhalt des Gebäudes kommen aus der Siedlung. Leider bekommen wir für jeden eingeschriebenen Patienten so wenig Geld, dass wir unseren Ärzten und Mitarbeitern nur einen sehr bescheidenen Lohn zahlen können, was besonders für die Ärzte schwer ist. Wer sich dennoch dafür entscheidet, ist ein »Überzeugungstäter«. Er will seinen Beitrag leisten, um sich an unserem gemeinsamen Traum, eine gute Welt für alle zu schaffen, zu beteiligen.

Und wer sich wie die Mitarbeiter im Gesundheitszentrum an der Verwirklichung dieses Traumes beteiligen will, ist immer herzlich willkommen. Wer dagegen noch nicht so genau weiß, ob oder wovon er träumt, aber auch.

Träume kann man finden

Jedes Jahr kommen um die fünfzig junge Menschen als Freiwillige für ein Jahr zu uns nach Chile, nach Bolivien und nach Peru. Sie leben dann in kleinen Wohngemeinschaften im Armenviertel und arbeiten an vielen Orten im großen Netzwerk unserer Einrichtungen mit: in den Kindergärten und -krippen, mit Obdachlosen, mit Menschen mit Behinderung, in den Drogenkliniken und überall, wo sie sich hingezogen fühlen und wir ihre Arbeit brauchen können. Die Jugendlichen, die nach der Schule erst einmal ein Jahr mit uns verbringen wollen, haben oft ähnliche Interessen. Nicht alle, aber doch viele von ihnen wollen später eher in sozialen Berufen arbeiten oder Medizin studieren. Immer häufiger aber kommen sie zu uns, weil sie überhaupt keine Vorstellung davon haben, was sie mit ihrem Leben anfangen wollen. Sicher liegt das auch daran, dass die Jugendlichen bei euch in Deutschland heute früher Abitur machen und manchmal noch nicht volljährig sind, wenn sie sich auf die große Reise zu uns machen, aber nicht nur. Sie haben so viele Möglichkeiten. Und gerade das macht es so schwer. Ich beobachte immer häufiger, dass einige wirklich keinen Schimmer haben, was sie von dem vielen, das sie leben könnten, leben wollen.

Manchmal fragen sie mich dann, wie ich dazu gekommen bin, meinen Traum zu finden. Dann versuche ich mich zu erinnern. Ich erzähle, dass ich mir meinen Traum nicht geschaffen habe. Er ging einfach durch mich hindurch. Ich habe natürlich als Kind viele Menschen getroffen, aber niemand hat ihn mir eingeredet. Kein Mensch hat darauf gepocht. Den Traum in meinem Leben kann ich mir nicht erklären. Ich weiß nur, dass er da ist. Er ist aufgetaucht im Beobachten von anderen, im Beobachten von dem, was gut ist für unsere Welt. Wenn ich heute darüber nachdenke, dann hat so vieles eine Rolle gespielt: Die Helden und Heiligen, die ich in der Geschichte und in Geschichten fand, waren wichtig. Aber auch konkrete Vorbilder wie mein Vater, der im Krieg als Sanitäter gearbeitet hat. Seine Sanitätstasche war immer gepackt und er war immer da, wenn jemand seine ehrenamtliche Hilfe brauchte: zu jeder Tages- und Nachtzeit, am Wochenende, am Sonntag, gelegen oder nicht gelegen. Mein Vater hat mir ein eindrückliches Beispiel gegeben. Eines, dem ich nacheifern wollte. Sicher hat das auch Eingang gefunden in meinen Traum von einer guten Welt. Aber ich könnte nicht sagen, dass ich mir den Traum erfunden hätte. Er ist erwacht in meinem Leben. Ich glaube – und das erzähle ich den Jugendlichen auch –, ein solcher Traum steigt in vielen Menschen auf. Es ist wirklich so, dass viele Menschen mit mir über ihre Träume sprechen. Zunächst einmal gar nicht bewusst. Aber wenn ich anfange, von meinem Traum zu erzählen, dann sagen sie plötzlich: Ich habe eigentlich auch immer einen gehabt. Von klein auf habe ich gespürt: Ich bin da und dazu da. Wenn ich das auf alle Menschen übertrage und behaupte, dass jeder einen Traum in seinem Herzen trägt, dann ist das natürlich eine Hypothese. Wer weiß, vielleicht ist auch das Teil meines Traumes, dass ich mit den Menschen über ihre Träume in Kontakt komme? Denn wo auch immer ich mit den Menschen in Beziehung trete – im Armen- oder im Reichenviertel, in der Bahn, manchmal in ganz kurzen Gesprächen –, weiß ich, dass da etwas auftaucht. Ich fange ein kleines bisschen an zu reden und dann spüre ich plötzlich den Traum im anderen. Ich muss gar nicht danach fragen, viele Menschen haben von sich aus ein Bedürfnis, davon zu erzählen.

Ob das wirklich für alle Menschen gelte, fragen mich die Jugendlichen manchmal. Ich verstehe die Frage, denn dahinter steckt die Angst, sie selbst könnten keinen Traum haben. Letztlich weiß ich natürlich nicht, ob es wirklich für alle Menschen gilt. Letztlich ist das nur meine Behauptung. Aber ich glaube daran. Wenn die Jugendlichen dann fragen, wie sie denn ihren Traum herausfinden können, dann sage ich immer: Dein Traum lächelt dich an. Diesem Lächeln, folge einfach dieser Spur. Trau dich, in dein Herz zu hören. Der Traum zeigt sich dann schon. Das passiert nicht immer in den Zeiten der Jugend, das kann viele Jahre dauern. So wie bei **Fernando**.

Fernando war der Geschäftsführer unserer *Fundación*. Mit Anfang fünfzig ist er an Gallenwegkrebs gestorben. Bei uns ist er fast glücklich geworden: glücklich, weil er eine Arbeit gefunden hatte, die ihm Sinn und Freude gab. Das war nicht immer so in seinem Leben. Als Mitglied der chilenischen Oberschicht wurde er scheinbar auf der Sonnenseite des Lebens geboren. Seine Familie, die es seit Generationen gewohnt war, zu den

Herrschenden zu gehören, lebte auch dementsprechend: mit Fernblick, dort, wo die Straßen breite Alleen sind und Bäume die langgestreckten Auffahrten zu den Villen säumen, die hinter hohen Mauern versteckt liegen. Fernandos Vater war Arzt. Die Mutter stammte aus einer Großgrundbesitzerfamilie. Selbstverständlich konnte die Familie ihm eine Ausbildung an einer Privatschule und ein Studium ermöglichen. In der Schule nahm Fernando an einem Sozialpraktikum teil, das in seinem Herzen eine Spur säte. Wobei man wissen muss, dass unsere Privatschulen nichts mit eurem Privatschulsystem in Deutschland zu tun haben. Hier ist beides, sowohl der Besuch einer Privatschule als auch ein Studium, nur Kindern reicher Eltern möglich. Wer es aus einer Mittelstandsfamilie an die Universität schafft, häuft in der Regel Schulden an, die er sein ganzes Berufsleben lang abtragen muss. Alle anderen brauchen nicht einmal über eine solche Ausbildung nachzudenken, weil sie niemals die Kosten aufbringen können, aber auch schon deshalb nicht, weil die Ausbildung an den staatlichen Schulen nicht konkurrenzfähig ist. Die Schulen bei uns werden von privaten Unternehmern geführt, die damit Geld verdienen wollen. Je größer die Klassen, je weniger qualifiziert der Lehrkörper desto geringer die Kosten, desto höher kann der Gewinn für den Schulunternehmer ausfallen. Das geht so weit, dass bei uns Menschen Kinder unterrichten, die selbst die Schule kaum geschafft haben.

Nach dem Studium suchte Fernando sein Glück in der privaten Wirtschaft und wurde schließlich in jungen Jahren Marketinggeschäftsführer in einer großen Ölfirma. Er verdiente sehr gut, doch sein Leben blieb leer und hohl.

Fernando ging daher das Leben suchen, zum Beispiel im Extremsport und dem Nervenkitzel, den er verursacht. Beim Gleitschirmfliegen konnte er das Leben von ganz oben betrachten, das große, bunte Ganze sehen. Weit weg, vielleicht endlich weit genug weg vom mühsamen Alltagsgeschäft, in dem dieses große Ganze so leicht verschwand. Doch kein Nervenkitzel ohne Risiko. Irgendwann machte das Risiko, das doch verspricht, noch unwahrscheinlicher zu sein als ein Lottogewinn mit Zusatzzahl, sein Recht geltend. Vielleicht war Leichtsinn oder Übermut im Spiel. Vielleicht war es auch nur das berühmte Restrisiko, das den Schirm nicht gleiten, sondern stürzen ließ. Fernando stürzte mit. Er stürzte am Berghang des *Manguehue* in einen gähnenden Abgrund aus nichts als noch mehr Leere. Die Bergung dauerte Stunden. Sein schwerer Unfall fesselte ihn für viele Wochen an ein Bett in der besten Klinik in Santiago, der »Deutschen Klinik«. Er hatte jetzt viel Zeit. Zu viel Zeit, um über den Sinn des Lebens, den er für sich nicht finden konnte, nachzugrübeln.

Seine Mutter wusste keinen Rat mehr. Sie kannte mich und unsere Arbeit schon länger und unterstützte uns. Eines Tages stand die kleine, zierliche Dame mit den immer sorgfältig frisierten Haaren, den gepflegten Händen und dem mit zurückhaltender Eleganz geschminkten Gesicht vor mir. Sie erzählt mir die ganze lange Geschichte. Und endet verzweifelt mit: »Hermana, was soll ich nur tun? Mein Sohn findet keine Lebensfreude mehr. Er kann gesund werden. Aber er freut sich nicht daran.« »Was wünschst du dir von mir?«, fragte ich sie. »Dass du ihn besuchst, dass du ihm Mut zusprichst. Wenn jemand das kann, dann du.« Nachdenklich sah ich Fernandos Mutter an. Ich las die verzweifelte Angst um ihren Sohn in ihren Augen. Aber ich wusste nicht, ob ich behilflich sein konnte. Schließlich antwortete ich: »Nun gut. Lass es uns versuchen. Ich werde dich in die Klinik begleiten.«

Nach dem ersten Besuch bat Fernando mich um unsere Adresse und darum, wiederzukommen. Er wollte mehr hören von unserer Arbeit: warum wir sie tun und vor allem wie. Mitten in seinem Leid begann er, sich für das Elend der Armen zu interessieren. Er fing an, ernsthaft darüber nachzudenken, welche Wege es gibt, dieses Leid zu lindern. Das führte ihn irgendwann zu der Frage, ob *er selbst* nicht das Leid mindern konnte. Ihm war, als würden die Armen vor ihm stehen und ihn fragen: »Kannst du nicht etwas für uns tun?« Auf einmal fühlte er sich angesprochen. Er fragte sich, ob unser Traum von einem guten Leben für die Menschen im Armenviertel, den wir als *Fundación* gemeinsam träumen, vielleicht etwas mit seinem Leben zu tun hatte. Vorsichtig begann Fernando diese Frage für sich mit Ja zu beantworten. Er arbeitete ein paar Jahre als Freiwilliger bei uns, wurde dann Mitglied des Vorstandes und schließlich Geschäftsführer der *Cristo Vive*. Spätestens jetzt hatte er die Entwicklung unserer Arbeit zu seinem Herzensanliegen gemacht. Er wollte, dass jeder einzelne unserer Dienste durchdrungen war mit dem Verständnis unseres Auftrages und unserer Vision. Deshalb fuhr er überall dorthin, wo unsere Dienste ansässig sind: an alle Orte in Chile, später auch nach Bolivien und Peru. Er reiste über die Jahre hinweg immer wieder nach Deutschland, in die Schweiz und nach Luxemburg, um selbst die Brücken der Solidarität über den Atlantik zu sehen und die Menschen, die diese Brücken bauen, kennen- und lieben zu lernen. Er packte mit an, wo es Not tat, zum Beispiel nach dem schweren Erdbeben im Februar 2010 mit mehr als zweihundert Toten.

Es war das fünftschwerste Beben weltweit seit Beginn der Messungen im Jahr 1900. In wenigen Minuten sah es aus wie nach einem Bombeneinschlag. Ich hatte noch nicht geschlafen, war gerade erst von einem Totengebet zurück, als um 3 Uhr 34 die Erde zu beben begann. Das Haus schwankte, alles was nicht niet- und nagelfest war, stürzte zu Boden. Wir standen im Türrahmen – das ist der Ort im Haus, an dem man am sichersten ist – und beteten. Mit einem Mal war es stockdunkel, die Hunde waren so geschockt, dass ihr Gebell erst mit den verzweifelten Schreien der Nachbarn einsetzte. Telefone und Handys funktionierten nicht. So nahm ich das Auto und fuhr, solange das Benzin reichte, zu Nachbarn, Mitarbeitern, den jungen deutschen Freiwilligen, um zu schauen, ob es ihnen gut ging. In Chile wurde der Notstand ausgerufen. Am nächsten Tag gab es zum Glück wieder Wasser, aber noch keinen Strom, was die Versorgung der Menschen im Gesundheitszentrum sehr schwer machte. In all dem Unglück machte ich eine wunderbare Erfahrung: Bevor ich auch nur ein Wort nach Europa hätte kommunizieren können, sprudelten schon unaufgefordert die Spenden. Die Hilfsbereitschaft unserer Freunde war überwältigend groß. Von dem Geld bauten wir viele kleine, strapazierbare Holzhäuschen im Süden, den es am schlimmsten erwischt hatte. Häuschen, die den obdachlos gewordenen Familien Würde ließ. Sie hatten beispielsweise Fenster und eine Isolierung, was beides im Notprogramm der Regierung nicht vorgesehen war.

Alle packten an: Die Männer aus unserer Gemeinde sammelten Baumaterial im Armenviertel zusammen, luden es auf die Ladefläche eines LKWs und fuhren in den Süden.

In jenen Tagen verteilte Fernando zusammen mit unseren Mitarbeitern Wasser an tausend Menschen aus der Nachbarschaft unserer Berufsschulen. Glücklicherweise haben wir einen Brunnen, den uns unsere Freunde aus Württemberg geschenkt haben. In einem Brief erzählte er später von diesen Erfahrungen, bewegt von der Solidarität, der Menschlichkeit der Menschen. Juan Carlos, einer unserer Pförtner, hatte das in Bewegung gesetzt: Ein Nachbar hatte ihn gefragt, ob wir in der Berufsschule Wasser hätten. Juan Carlos füllte dem Nachbarn seine Flasche an unserem Tiefbrunnen auf. Eine Stunde später gab es eine Menschenmenge vor der Schule, ausgerüstet mit Eimern, Kanistern, Plastikflaschen, Kochtöpfen und was auch immer als Behältnis dienen konnte. Fernando war glücklich, dass wir helfen konnten. Er war glücklich, dass er helfen konnte. So glücklich wie er war, kam er in jenen Tagen dem Traum seines Herzens sehr nah.

Im August 2011 diagnostizierte man bei ihm Gallenwegkrebs. Ein knappes Jahr später ist Fernando gestorben. Er ist heimgegangen, wie ich es nenne. Auch wenn alles Kämpfen um sein Leben erfolglos blieb, in diesen Monaten seiner Krankheit blühte all die Liebe, die er in unsere Dienste getragen hatte, zu neuem Leben. Die Mitarbeiter – er war für fast fünfhundert von ihnen als unser Geschäftsführer verantwortlich gewesen – machten ihm zu Weihnachten eine besondere Liebeserklärung: Sie schrieben kleine persönliche Briefe, drückten ihre Zuneigung aus oder ihre Ermutigung. Dann hängten sie die bunten Botschaften an Weihnachtsbäume und brachten Fernando sieben geschmückte Bäume ans Krankenlager zu ihm nach Hause.

Fernandos Eltern hatten sich schon lange getrennt und sahen sich selten, aber nun machte Fernando mit beiden eine Reise. Zum ersten Mal waren wieder alle zusammen und sich so nah wie vielleicht nie zuvor.

In dieser Zeit tat Fernando Dinge, die er sich nie zuvor getraut hatte. Manches davon wäre mir nicht einmal eingefallen, hätte man mich danach gefragt. Und längst nicht bei allem verstand ich ihn. Aber das macht nichts, das passiert mir oft. So einzigartig wir sind, so einzigartig ist auch das, was wir tun. Erst recht wenn es in dem Wissen geschieht, bald sterben zu müssen. Fernandos Begeisterung für Autos zum Beispiel ist mir immer fremd geblieben. Ein paar Wochen vor seinem Tod schickte er ein Foto an all die vielen Menschen, die sich ihm verbunden fühlten. Darauf sieht man ihn mit verschränkten Armen, in einen fast bodenlangen schwarzen Ledermantel gekleidet, die breite Krempe seines schwarzen Hutes tief in die

Stirn gezogen. Wie ein Ganove, dem alten Chicago entsprungen, posiert er vor einem Oldtimer Mercedes, der umso gelber hinter Fernandos dunkler Erscheinung leuchten kann, weil das Foto in der Nacht aufgenommen ist. An seine Freunde schrieb er in einer heute auch in einem Büchlein veröffentlichten Sammlung von Fernandos Rundbriefen zu diesem Bild: »*Zusammentreffen und Geschenke sind wie Schokoladenbonbons. (…) Das hier ist eine große Schachtel Schokolade. (…) Ich machte mir das Vergnügen und kaufte einen Mercedes 220S aus dem Jahr 1962. Dieses Modell erschien mir immer als etwas Besonderes (schaut das Foto an). Er ist in tadellosem Zustand und seine Geschichte ist vollständig bekannt. (…) Ich habe es genossen, mich wie in alten Zeiten zu fühlen, ließ Details ausbessern, ging in die Straße des 10. Juli, um Ersatzteile zu kaufen etc. Ich glaube, dass das alles sehr symbolisch ist, da das Auto genau wie ich 50 Jahre alt ist. Ich versuche, es zu reparieren und Details zu lösen.*«

Was unter der breiten Hutkrempe von Fernandos hohlwangigem, vom Krebs gezeichneten Gesicht herausschaut, wird ganz und gar von seinem kindlich glücklichen, strahlend triumphierenden Lächeln eingenommen. In diesen Tagen äußerte er oft den Wunsch, in Frieden und Liebe gehen zu können.

Für seine letzten acht Tage brachten Fernandos Eltern ihn wieder in die »Deutsche Klinik« zum Sterben. Hunderte von Menschen wollten ihn dort ein letztes Mal sehen: Bewohner der Armenviertel und Unternehmer. Soziale Schranken, die sein Leben in den ersten Jahrzehnten so geprägt hatten, spielten jetzt keine Rolle mehr. Freunde kamen angereist, von den *Fundaciónes Cristo Vive* Peru und Bolivien. Sogar eine Freundin aus Luxemburg kam mit ihrem kleinen Sohn, um sich von Fernando zu verabschieden. Fernando hatte in Liebe gehen wollen. Dieser Wunsch ist ihm tausendfach gewährt worden!

Träume können verloren gehen. Aber man kann sie erinnern. Ein ganzes Leben lang

Von klein an bin ich es gewohnt, dass die Menschen mir von ihren Nöten, ihren Sorgen, ihrem Kummer, aber auch von ihren Hoffnungen, ihren Sehnsüchten und ihren Träumen erzählen. Heute ist mir nichts Menschliches mehr fremd. Viele Menschen haben niemanden, mit dem sie über die Leere, die Sinnlosigkeit und die Abgründe in ihnen selbst sprechen können. Wie schade, ist doch genau das Sprechen darüber der Anfang, sich aus den Fallstricken der dunklen Seiten in uns zu befreien.

In diesen Fallstricken verheddern sich unsere Träume schon mal oder wir uns in ihnen, sodass die Träume nicht lebendig werden können. Manchmal fallen sie auch still und leise durch die Maschen unseres Seelennetzes irgendwann fragen wir uns verblüfft: Wohin sind sie nur verschwunden? So wie bei **Anne.**

Doch bevor ich von Anne erzähle: Wundert euch nicht, wenn euch Annes Traum und das, was sie beim Träumen findet, an das erinnert, was ich mir für die Welt erträume. Natürlich kommen zu mir eher die Menschen, deren Träume zu den meinen passen. Mit ihnen bin ich erfahren, über sie kann ich aufrichtig sprechen. Von ihren Auswirkungen auf das Glück kann ich euch berichten. Wer andere Träume träumt, wird deren Verwirklichung nicht bei uns suchen. Ich richte und bewerte die unterschiedlichen Träume nicht. Ich erhebe nicht den Anspruch, dass es bessere oder schlechtere, wertvollere oder wertlosere Träume gibt. Doch reden kann und will ich nur von etwas, worin ich auch erfahren bin und über das ich wirklich sprechen kann.

Anne kam als junge Freiwillige zu uns, als sie Mitte zwanzig war. Da hatte sie schon einen längeren Weg der Suche nach ihrem Platz in der Welt hinter sich. Anne wollte, als sie noch Schülerin war, mit Pferden und Kindern arbeiten, am liebsten therapeutisch. Sie träumte von einem eigenen Hof und eigenen Pferden, machte Praktika in diesem Bereich und war sehr begabt für die Arbeit. Als ihr aber nach der Schule ein Bekannter der Familie, in dessen Betrieb sie sich Taschengeld verdiente und der mit ihrer Arbeit sehr zufrieden war, einen Ausbildungsplatz im kaufmännischen Bereich anbot, fand sie die Sicherheit, die in diesem Angebot steckte, plötzlich verlockender als die ungewisse Aussicht auf eine therapeutische Arbeit, die vielleicht, wenn überhaupt, einmal am Ende eines langen, teuren Studienweges auf sie warten würde. Anne sagte zu und war fast vom ersten Tag der Ausbildung an kreuzunglücklich. Einerseits genoss sie die Sicherheit, die ihr diese Arbeit geben konnte, denn sie hatte Angst vor der Unsicherheit, die ein ungewisser Traum bedeutete. Andererseits mochte sie die Arbeit nicht, die Tage wurden ihr lang und oft langweilig. So kämpfte sie drei Jahre mit sich, schloss die Ausbildung ab und entschied: Ich muss es wenigstens versuchen, mit Menschen zu arbeiten. Sie fand einen Studienplatz und eine Arbeitsstelle als ungelernte Arbeitskraft in einer aus einem Heim ausgegliederten Wohnung für Menschen mit Behinderungen. Hier entdeckte sie, wie viel Freude sie an dieser Arbeit und mit diesen Menschen hatte. Zaghaft fing sie wieder an, sich an ihre Träume zu erinnern. Und auch an ihre Sehnsucht, etwas von der großen weiten Welt zu sehen, Abenteuer zu erleben, und nicht nur davon zu hören.

So lockte sie ein Austauschpraktikum ihrer Universität mit einer Partneruniversität in Lateinamerika. Sie bewarb sich und zunächst sah alles sehr gut aus. Doch als schon fast alles vorbereitet war, scheiterte Anne an einem Dozenten, der ihre Pläne für die Arbeit während des Praktikums nicht billigte und auch ihre Sprachkenntnisse für unzureichend hielt. Es fiel Anne schwer, die Frustration, die sie daraufhin überfiel, zu überwinden. Eigentlich glaubte sie nun tief in ihrem Herzen, dass Träume doch nur für andere Menschen und nicht für sie selbst bestimmt seien.

Wie es der Zufall wollte, erzählt sie ihren Frust jemandem, der unsere Arbeit gut kannte. »Nun gib doch nicht so schnell auf. Es gibt viele Wege, ein Praktikum in sozialer Arbeit in Lateinamerika zu machen. Dieser Austausch an eurer Uni ist doch nicht deine einzige Möglichkeit! Ich kenne Schwester Karoline. Schreib ihr, erzähl von dem, was du machen möchtest und was dir jetzt nicht gelungen ist. In ihren Einrichtungen gibt es immer Freiwillige, die kürzer oder länger mitarbeiten.« Anne zögerte. Noch eine Niederlage, schon wieder eine Absage, das war das Letzte, was sie wollte. Dann fasste sie sich ein Herz, schrieb mir, und ich lud sie herzlich ein, zu uns zu kommen. Später hat sie mir erzählt, wie ungläubig sie meine E-Mail, in der ich diese Einladung aussprach, las. Wie sie dann vorsichtig Hoffnung schöpfte, dass auch in ihrem Leben Platz für Träume sein könnte.

Anne ist dann tatsächlich zu uns gekommen. Und hatte ein paar schwere Wochen, weil ihr Dozent nicht Unrecht hatte: Sprachen zu lernen war für Anne immer schwer gewesen, ihr Spanisch war recht elementar geblieben. So machte es ihr Mühe, sich in der deutlich anderen chilenischen Variante des Spanischen, die auch noch so atemberaubend schnell gesprochen wird, zu verständigen. Wir suchten gemeinsam danach, wo wohl ihr Platz in unserer Arbeit sein könnte. Und fanden ihn bei den Obdachlosen.

Diesen Dienst hatten wir erst vor ein paar Monaten begonnen. Damals waren staatliche Einrichtungen auf uns zugekommen. Sie baten uns, Herbergen für Obdachlose einzurichten, damit die Menschen nicht in den harten chilenischen Wintern auf der Straße erfrieren würden. Ich freute mich über diese Initiative. Denn immer, wenn Menschen erfrieren, nur weil sie kein Dach über dem Kopf haben, ist das Tragödie und Katastrophe zugleich. Der Staat knüpfte Bedingungen an das Geld, das er zur Verfügung stellte: Zum Ende des Winters sollten wir die Herberge wieder schließen und die Männer (in der Regel sind es Männer) wieder auf der Straße sich selbst überlassen. Mir war schon klar: Das Wesen von Winternothilfe ist, dass sie in der Not des Winters geleistet wird. Dennoch kamen diese Bedingungen für mich überhaupt nicht infrage.

Hier ging es um Menschen, von denen jeder einen Namen, ein Gesicht und eine Geschichte hatte. Man kann nie wissen, wann in der Geschichte eines Menschen der Punkt kommt, an dem die Zeit reif ist für ein neues Kapitel in seinem Leben. Immer wieder habe ich erlebt, dass Menschen Hoffnung schöpfen, sich an uns binden und dann ihren Weg mit uns weitergehen wollen. Auf keinen Fall würde ich zulassen, dass wir erst Hoffnung wecken und dann die Menschen wieder sich selbst überlassen. Niemals. Dann würde ich lieber gar keine Herberge aufmachen, jedenfalls nicht in Zusammenarbeit mit dem Staat. Es war ein zähes Ringen, aber schließlich konnte ich mich mit meiner Sicht der Dinge und meinem Wunsch nach einer langfristigen Hilfe durchsetzen. Wir konnten die Arbeit mit Obdachlosen beginnen und brauchten die Herberge nicht Ende des Winters zu schließen, selbst wenn der Staat seine Finanzierung für einige Monate einstellte. So ist es bis heute: Auch außerhalb der Wintermonate können ca. fünfundzwanzig Menschen vom späten Nachmittag bis zum nächsten Morgen dort übernachten.

Es kam so, wie ich es vermutet hatte: Immer wieder gibt es Menschen, die in sich den Mut und das Zutrauen finden, einen weiteren Schritt in ihrem Leben zu gehen. Die Herberge ist ein völlig unverbindliches, kaum an Bedingungen gebundenes

Angebot für Menschen, die auf der Straße leben und die Nacht nicht dort verbringen wollen. Morgens gehen alle aus dem Haus. Aber für die, die dieses Leben auf der Straße nicht mehr wollen, haben wir uns ein anderes, passenderes Angebot ausgedacht: eine Residenz, in der um die dreißig Menschen Platz haben. Meine Mitschwester Teresa, die seit ein paar Jahren mit uns lebt und arbeitet, hat diesen Teil der Arbeit übernommen. Im Obdachlosenhaus können die Menschen, die um Aufnahme bitten, von einigen Monaten bis zu zwei Jahren wohnen und in dieser Zeit ihr Leben neu strukturieren. Die Residenz ist in einem Haus untergebracht, dessen zum Teil etwas größere Zimmer sich um einen Hof gruppieren. In Stockbetten schlafen die Männer hier wie in kleinen Schlafsälen zusammen. Die Gemeinschaftseinrichtungen, also Duschen, eine Waschmaschine und eine einfache Küche, liegen auf der anderen Seite des Hofes. Es gibt gemeinsame Mahlzeiten und die Bewohner sollen lernen, selbst zu kochen. In regelmäßigen Versammlungen wird das Leben in der Gruppe besprochen. Hier geht es oft heiß her, Konflikte brechen auf und werden, so gut es geht und möglichst ohne Handgreiflichkeiten, bewältigt.

Natürlich sind für die Bewohner Alkohol und Drogen auf der Straße ein ständiger Begleiter gewesen. Nach so vielen Jahren der Gewöhnung ist es sehr schwer, auf beides zu verzichten. Mich schrecken die vielen Rückfälle der Bewohner nicht. Das ist normal, es gehört zum Weg zurück in ein gutes Leben dazu. Aber natürlich ist es für die in der Herberge arbeitenden Mitarbeiter nicht leicht, mit den unter den Betten versteckten Flaschen oder anderen Drogen, die sie entdecken, so umzugehen, dass die Bewohner es nicht als Scheitern ihrer eigenen Fähigkeiten erleben. Damit sie wirklich eine Chance auf einen Ausstieg vom Leben auf der Straße bekommen, suchen unsere Mitarbeiter immerfort Wege, den Menschen zu einem neuen Glauben an sich selbst zu verhelfen.

Dazu kam uns Anne gerade recht. Sie mochte die Männer in der Residenz, wollte gerne etwas für sie tun. Nur was? Sie konnte ja wenig mit ihnen sprechen. Schließlich wurde genau das zum Schlüssel: Anne war schon immer ein kreativer Mensch und hatte selbst viele Wege gefunden, sich auszudrücken. Das kam ihr jetzt zu Hilfe. Sie wollte mit den Bewohnern Masken basteln. Jeder sollte zwei Masken entwerfen: eine mit dem Gesicht, der Seite von sich selbst, mit der er auf der Straße überlebt hatte, die er dort der Welt gezeigt hatte. Und eine andere Maske, die sein wahres Gesicht darunter zeigte, eine Seite, die er normalerweise vor der Welt verbirgt, aber nach der er sich doch sehnt, sie zu zeigen und zu leben.

Anne hatte mit ihrem spärlichen, auf den Alltag bezogenen spanischen Wortschatz wenige Möglichkeiten, den Bewohnern ihre Idee zu erklären. Aber das stellte sich als ein Segen heraus. Denn auf diese Weise wurde sie plötzlich eine von ihnen – schließlich hatten die Wenigsten gelernt, sich auszudrücken. Und die, die es einmal ein wenig konnten, hatten es auf der Straße verlernt. Weder Anne noch die Männer hatten also Worte, um sich auszudrücken oder zu verständigen. Beide Seiten mussten, trotz dieser Hürde, die Aufgabe bewältigen.

Mit Händen und Füßen machte Anne sich verständlich und einige der Männer ließen sich auf die Aufgabe ein. Mit Annes Hilfe entstanden Masken, die alle, die sie sahen, anrührten. Plötzlich wurde ein Stück der Seele der Männer offenbar. Als sie dann erzählten, was die einzelnen Masken bedeuteten, wofür sie standen – einerseits für das kalte Leben auf der Straße, das sie hinter den abweisenden Masken zu meistern versuchten und andererseits für die Hoffnung, die Träume, dass sie doch noch einmal in ihrem Leben eine andere Zukunft haben würden –, weinte Anne vor Glück. Sie fühlte, wie viel sie mit ihrer Idee bewirkt hatte und dass die Masken etwas Einzigartiges im Leben dieser Männer darstellten, weil sie auf diese Weise mit ihren Hoffnungen und Träumen in Kontakt gekommen waren. Für die Männer war das eine unvergessliche Erfahrung. Sie und die Mitarbeiter bereiteten ihr ein großes Abschiedsfest.

Als ich Anne zum Flughafen brachte, sagte sie: »Ich werde nie vergessen, wie glücklich ich bei meiner Arbeit hier war. Was passieren kann, wenn ich meine Arbeit mit meinem ganzen Herzen mache und wenn ich mir erlaube, auch in meiner Arbeit kreativ zu sein. Ich möchte nie wieder eine Arbeit tun, in der ich nicht auch kreativ sein kann.«

Inzwischen hat Anne ihr Studium abgeschlossen. Bei einer Lesung in Deutschland habe ich sie wiedergetroffen. »Karoline, ich arbeite jetzt mit ausländischen Jugendlichen! Einige sollen abgeschoben werden. Ich bin so froh, dass ich bei euch war und bei den Obdachlosen merken konnte, dass Arbeit mich so glücklich machen kann. Das werde ich nie mehr vergessen.« Nachdenklich fügte sie hinzu: »Und weißt du was? Ich fühle mich auf einmal viel stärker. So, als hätte ich mehr Kraft bekommen. So, als hätte ich Lauftraining gemacht und könnte jetzt auf einmal locker einen Halbmarathon laufen.«

Anne hatte etwas sehr Wesentliches für sich entdeckt: Wer einmal die Spur seiner Lebensträume aufgenommen hat, der wird eine andere Kraft in sich für sein Leben spüren. Schon alleine deshalb, weil der, der seinen Traum erkennt, sich mit dem Sinn, den sein Leben hat, verbinden kann. Wenn mein Leben Sinn hat, wird vieles einfacher. Und wer Sinn in seinem Leben sieht, kann an den Träumen, die genau diesen Sinn in sich tragen, leichter festhalten.

Vormittags: Wer an seinen Träumen festhält, packt an

Mein Traum: ein Leben in Würde

Weil Gloria Krankenschwester wurde, gaben ihre Eltern sich nicht auf

In meinem Traum ging es immer darum, dorthin zu gehen, wo Menschen mich brauchen, wo Menschen in Not sind. Dort anzupacken, wo Menschen leiden und krank sind. Krankheit und Hunger leiden, das waren meine beiden großen Themen.

Daher ist es natürlich kein Zufall, dass ich in der *Poblacion*, in der ich angefangen habe zu arbeiten, zuerst meine Energie in die Gesundheit der Kinder gesteckt habe. Als Erstes habe ich einen kleinen unterernährten Jungen gesucht. Er war einmal im staatlichen Gesundheitszentrum und obwohl dem Tod nah, war seine Mutter mit ihm nicht mehr aufgetaucht. Niemand der Mitarbeiter hatte Zeit übrig, ein einzelnes Kind suchen zu gehen. Aber natürlich waren sie, wenn sie von einem Kind in Lebensgefahr wussten, in großer Sorge. So habe ich mich aufgemacht, den Kleinen zu suchen. Mit der Hilfe vieler Frauen im Armenviertel fand ich ihn auch tatsächlich und überredete die Mutter, den kleinen Kerl wieder ins Gesundheitszentrum zu bringen. Er hat dann tatsächlich überlebt, sicher wäre er ohne diese Intervention gestorben. Das war der Anfang. Bald darauf merkten die Menschen, dass ich ihnen helfen wollte und konnte. Und so kamen sie nach und nach auch zu mir.

Das drängendste Problem war in der Tat das des kleinen Jungen: die Unternährung der Kinder, die für die Betroffenen nicht nur diesen quälenden und schmerzhaften Hunger mit sich bringt, sondern nach einiger Zeit irreversible Schäden im

Gehirn hinterlässt. Die Mütter waren verzweifelt. Ihre Männer und sie selbst verdienten, selbst wenn sie in der Zeit der großen Arbeitslosigkeit und Hungersnot noch Arbeit hatten, einfach nicht genug, um ihre Kinder zu ernähren. So war neben ihrer Gesundheit der Hunger der Kinder meine größte Sorge.

Die Frauen waren es dann, die den Ausweg fanden: Sie baten mich, ihnen zu helfen, dass die Supermärkte mir abgelaufene und schon leicht verdorbene Waren überließen. Den Frauen aus den Armenvierteln gaben sie diese nicht, mir jedoch schon. Mit diesem Essen fingen wir die Arbeit in den Suppenküchen an und bald bekamen 150 Kinder ein warmes Mittagessen. Ein Anfang gegen Krankheit und Hunger war so gemacht. Doch jeden Tag sprang mir etwas Neues ins Auge, das dringend in Angriff genommen werden musste. Kein Wunder, dass ich 1972 meiner Mutter am Ende des kleinen Fotobüchleins diese To-do-Liste anfügte. Ich schrieb: »*Große Projekte sind im Augenblick: 1. Die Konstruktion einer Kirche aus festem Material. Dafür stehe ich in Kontakt mit Adveniat. 2. Der Bau eines großen Kindergartens. 3. Der Bau eines kleinen Kindergartens für etwa 100 Kinder. 4. Die Vorbereitung einer Volksmission in unserer Poblacion. 5. Die Eröffnung unseres Alkoholikerclubs. 6. Die Organisation eines Krankenpflegeteams. 7. Die Organisation einer kleinen Volksschule in San Luis, einer Poblacion, die mir besondere Sorgen macht.*«

An dieser Stelle verließ mich der Mut, so fuhr ich fort: »*Ich höre lieber auf, die Liste will kein Ende nehmen. Ich bekomme das Gefühl, ich müsste mich vertausendfachen.*«

In gewisser Weise ist über die Jahre hinweg aber dann genau das passiert: Ich habe mich vertausendfacht. Nicht buchstäblich, nicht wirklich, aber im übertragenden Sinn schon. Zuerst sind Hunderte, dann Tausende Menschen zu uns gestoßen, die mit angepackt und ihren Teil dazu beigetragen haben. Nur so konnten all die Dinge entstehen, die geworden sind.

Wenn sich das Leben der Menschen in den Armenvierteln wirklich ändern soll, brauchen sie nicht nur ein Dach über dem Kopf, etwas zu essen und Gesundheitsfürsorge. Diese drei Dinge sind sicher dort, wo es gar nichts gibt, erst einmal das Wichtigste. Aber sie alleine verhelfen den Menschen nur dazu, am Leben zu bleiben, nicht aber dazu, ihr Leben zum Guten wenden zu können. Das Leben zum Guten wenden, einen Ausstieg aus Not und Elend gibt es nur über Bildung und Arbeit.

Wenn ich heute den Blick von meinem Schreibtisch hebe und der Smog über Santiago nicht ganz so dicht ist, erscheinen am Horizont stolz die Andenkordillieren mit ihren schneebedeckten Gipfeln. Mein Büro ist, im Verbund mit denen weniger Mitarbeiter, an unsere Versammlungshalle angebaut. Fast immer gesellen sich auch deutsche Freiwillige für einige Zeit zu uns. Über eine Treppe mit einer kleinen Veranda gelangt man zu unserem freundlichen Gebäude auf dem Gelände der Berufsschule. Dieser Begriff weckt sicher falsche Assoziationen. In Wahrheit haben wir hier keine Berufsschulen deutscher Prägung, also Schulen, in denen allgemeines und theoretisches Wissen für Lehrlinge ergänzend zu ihrer Ausbildung unterrichtet wird. So ist es nicht. Was wir hier machen, entspricht nach deutschen Begrifflichkeiten überbetrieblichen Ausbildungen in unseren Werkstätten und allgemeiner Schulbildung in einem. Es handelt sich um eine Art Berufsfachschule, ganztags, mit simulierten Werkstätten. Hier können junge Menschen über achtzehn ein Semester lernen. Natürlich können wir in dieser kurzen Zeit nicht im Entferntesten das erreichen, was ein Elektriker, ein Schreiner oder auch ein Gärtner können muss. Aber wir vermitteln Grundlagen: Strippen ziehen zum Beispiel in der Elektrikerklasse. Einfache Tätigkeiten, sodass die Schüler nützlich sein und Dinge erledigen können, die in unseren Armenvierteln gebraucht werden.

Unsere Werkstätten erstrecken sich über 7000 Quadratmeter auf einem Gelände von drei Hektar. Über 700 Jugendliche lernen hier jedes Jahr. Und noch einmal 450 Schüler in unserer Schule in der Innenstadt von Santiago. Einschreiben dürfen sich oder aufnehmen können wir nur Bewerber aus den Armenvierteln. Sie müssen nachweisen, dass sie arm sind. Das wird streng geprüft vom Staat, entspricht aber auch unserer Vision. Genau für diese Menschen wollen wir da sein. Wer diese Kriterien erfüllt, für den gibt es viel Auswahl bei uns. Alleine hier haben wir achtzehn Werkstätten: Stahlverarbeitung, Sanitär, Schreinerei, Gastronomie und vieles andere mehr. Im Innenhof wird Gartenbau unterrichtet: Im Halbkreis stehen die Schülergruppen um üppig blühende Beete. Ihre Lehrer deuten auf Steine, Blumen und Erde. Die Schüler machen sich stehend Notizen. In den Werkstätten wird geschweißt, gesägt und gebaut. Die Luft ist erfüllt von Arbeit. Es kreischt, rußt, Holz- und Eisenspäne fliegen, Licht blendet, es riecht nach Schweiß, Kommandos hallen durch die Räume.

Besucher haben wir hier immer viele, daran sind alle gewöhnt. Sie staunen über unsere Möglichkeiten. Wir sind gut ausgestattet mit Maschinen und Räumen. Das ist ein großes Glück und liegt an der großzügigen Unterstützung, die unsere Arbeit in Europa erfährt. Allein mit dem, was der Staat uns für einen Schüler zahlt, könnten wir so nicht arbeiten. Unser Ziel ist es, ganz unabhängig von ausländischer Hilfe zu werden. Aber so weit sind wir noch lange nicht. Und auch, um bis hierhin zu kommen, war es ein weiter Weg.

Es herrscht großes Interesse an unserer Arbeit. Unsere Resultate fallen auf. Oft bestehen ganze Klassen die Abschlussprüfungen des Staates. Unsere Lehrer leisten gute Arbeit. Aber wir lassen sie in ihrer Arbeit auch nicht allein. Unsere Schüler müssen so viel lernen, bevor sie mit dem Erwerb des eigentlichen Stoffs anfangen können: pünktlich sein, regelmäßig kommen, zuverlässig werden, mit Vorgesetzten und Autoritäten umgehen. Das alles geht nur, wenn sie sich selbst achten, sich selbst etwas zutrauen können. Unsere Klassen sind klein, nie sind es mehr als zwanzig in einer Gruppe. Außerdem unterstützen wir die Lehrer durch Sozialarbeiter und Psychologen.

Andererseits ist es auch so, dass diejenigen, die es bis zu uns schaffen, die angenommen werden können, auch wissen, welches Glück sie haben. Sie haben nichts weniger als den Zipfel des Traumes erhascht, den alle hier träumen: Not und Elend endlich hinter sich lassen zu können. Mehr ist es noch nicht, aber auch nicht weniger. Denn wenn sie diesen Zipfel ergreifen, festhalten und Ihres dazutun, dann haben sie eine Alternative zur Welt auf der Straße gefunden, in der eben nur die Regeln der Straße gelten. Und das sind die Gesetze von Armut, Drogen, Gewalt und Kriminalität. Deswegen sind unsere Schüler in der Regel äußerst motiviert. Sie wollen die einzige Chance, die sich ihnen je geboten hat, nicht verspielen.

Neben den Werkstätten gibt es große Tore. Wenn diese laut rollend auffahren, geben sie den Blick frei auf eine große Versammlungshalle. In dem tiefen Raum steigen an den Seiten einfache Holztribünen auf. Hier können unsere Schüler zum Beispiel Sport treiben. Aber diese Halle war auch schon Schauplatz zahlloser Zeugnisausgaben. Hier bekommen unsere Absolventen feierlich ihre Diplome ausgehändigt. Ich wünschte, ihr könntet bei solch einer Entlassfeier einmal dabei sein! Für nahezu alle Familien ist es das erste Mal, dass einer der ihren die Chance auf eine Ausbildung bekommt, diese mit einem Abschluss krönt und ein echtes, staatlich anerkanntes Diplom erhält. Die Absolventen bringen dann ihre Kinder, die sie oft schon als Jugendliche bekommen, Mama, Papa, Oma, Opa, Tanten und Onkel mit. Alle tanzen, jubeln, feiern den einen von ihnen, der eine Perspektive hat. Wenn für einen in der Familie ein Ausweg am Horizont erscheint, dann schöpfen alle

Hoffnung. Wie Blumen, die ins Wasser gestellt werden, richten sie ihre Köpfe auf. Diese Abschlussfeiern sind wahre Feste der Hoffnung. Jedes Jahr verabschieden wir 1200 Schüler. Jedes Mal verändert sich dadurch nicht nur ihr ganzes Leben, sondern auch das der Familien, zu denen sie gehören. Die Kraft dieser Hoffnung ist so groß, dass sie selbst dann noch trägt, wenn das ganze Leben zu Ende scheint. Wie für die Eltern von **Gloria**.

Gloria hatte bei uns eine Ausbildung in der Krankenpflegeschule absolviert. Unsere Schüler sind bekannt für ihre gute pflegerische Ausbildung, ihre Hygienestandards und werden gerne von allen Krankenhäusern eingestellt: den staatlichen und den teuren Privatkliniken, ja selbst von der »Deutschen Klinik«, die sich nur besonders reiche Patienten leisten können und die Mitarbeiter aus den Armenvierteln eigentlich ungern sehen. So fand auch Gloria am Ende ihrer Ausbildung eine gute Anstellung.

Sie liebte ihre Arbeit und ihre Patienten, und ihre Kollegen und Chefs liebten Gloria. Sie gehörte zu den Menschen, die in der Pflege ihre Berufung, ihre Bestimmung gefunden hatten. Doch als Gloria Mitte zwanzig war, fand ihr Glück ein jähes Ende. Sie erkrankte an einem Hirntumor und starb binnen weniger Monate nach der Diagnose. Für ihre Eltern, Luis und Gabriela, brach die Welt zusammen.

Luis ernährte seine Familie mit dem Verkauf von Blumen. Jeden Tag sah ich ihn neben seiner Holzkarre stehen, nachdem er sie morgens mit Blumen vom Großmarkt beladen und sie dann auf seinen Stammplatz geschoben hatte, der in der Nähe des berühmten zentralen Parkfriedhofes von Santiago de Chile, dem Parque del Recuerdo unserer Berufsschule, lag.

Als Gloria starb, habe ich sie beerdigt. Im Sarg lag sie aufgebahrt in dem winzigen Räumchen, dem Wohnzimmer der

Familie. Dort nahmen wir Abschied. Danach verschwanden Luis und seine Blumen vom Straßenrand. Als ich nach einem knappen Monat schon anfing, mich um ihn zu sorgen, klopfte er auf einmal an meiner Bürotür. Ich hatte ihn kaum hereingebeten, da schluchzte er bitterlich in meinen Armen. Natürlich war Luis nach so kurzer Zeit noch in Schockstarre und ganz im Würgegriff des Verlustes. Drei Wochen lang war er jetzt schon in seinen Schmerz gestürzt, fand keinen Weg zurück. Glorias Tod zu überwinden wäre wie für alle Eltern, die vor der grauenhaften Aufgabe stehen, am Grab eines ihrer Kinder zu stehen, schon schwer genug gewesen. Aber zu diesem abgrundtiefen Kummer gesellten sich in Windeseile noch existenzgefährdende Sorgen. Luis konnte in seiner Trauer nicht arbeiten. Er hatte sich mit der Beerdigung verschuldet. Gleichzeitig musste er aber weiter die Lizenzgebühr für seinen Blumenstand bei der Stadt entrichten, weil er sonst sein kleines Gewerbe verlieren würde.

Bei uns in Chile gibt es keine Sozialhilfe, kein Wohngeld, kein Hartz IV. In der Not ist jeder auf sich alleine gestellt. Nun hatte er sich schon bei Nachbarn Geld geliehen, um diese Lizenzgebühr zu begleichen, und er hatte Schulden gemacht, um Essen kaufen zu können. »Ich will wieder arbeiten, Hermana. Ich bin es Gloria schuldig, dass ich nicht aufgebe. Sie hatte es so weit im Leben gebracht. Das soll und darf nicht alles umsonst gewesen sein. Das hätte Gloria nicht gewollt, und ich will es auch nicht.« Voller Verzweiflung saß Luis vor mir. Und doch spürte ich eine große Entschiedenheit in ihm. »Was kann ich denn für dich tun, wie kann ich euch helfen?« Über Luis Gesicht huschte Peinlichkeit. Ich sah, dass er Scham überwinden musste. »Hermana, glaub mir, ich frage das nur, weil ich überhaupt keine andere Möglichkeit sehe. Aber wenn ich uns nicht aufgeben will, dann brauche ich Geld. Sonst kann ich keine Blumen auf dem Markt kaufen und auch keine weiterverkaufen. Keine Bank wird mir ein Darlehen geben. Die Nachbarn haben mir schon gegeben, was sie konnten. Jetzt bist du die Einzige, die mir einfällt, die ich noch fragen kann.« »Wie viel Geld brauchst du denn, damit du wieder anfangen kannst zu arbeiten?« Luis nannte mir eine Summe, die etwa 250 Euro entsprach, so viel, wie er in drei Monaten verdienen konnte. »Luis, ich will sehen, was ich tun kann«, sagte ich voller Hoffnung, ihm helfen zu können. »Du wirst jeden Peso zurückbekommen, Hermana«, versprach Luis mit schon festerer Stimme, als er mein Büro verließ.

Luis hatte mich an einem Freitag aufgesucht. Vor mir lag noch ein langer Arbeitstag, während dem ich mit meinen Mitarbeitern nach einer Lösung für Luis suchte. Wir haben einen Fond eingerichtet für Notfälle, aus denen die Menschen in den Armenvierteln sich nicht aus eigener Kraft befreien können. An jenem Tag wurde es besonders spät, bevor ich mein Büro verlassen konnte. Als Letzte löschte ich gegen halb elf abends die Lichter und verriegelte die Außentür. Das Geld für Luis trug ich bei mir. Ich versuchte mich zu erinnern, wo genau wir die Beerdigung für Gloria abgehalten hatten. Nach einigem Suchen fand ich die Straße und in ihr auch das Häuschen wieder. Gabriela, die an Diabetes litt und in der Folge dieser Erkrankung erblindet war, saß verloren auf einem Stuhl auf dem schmalen Gehsteig und weinte und weinte. Für Gabriela galt, was so oft in den Armenvierteln gilt: Armut macht schneller krank, verschlimmert die Umstände, Komplikationen sind schwerer zu vermeiden. Wie ein Brennglas vergrößert Armut die Leiden der Menschen. Unter anderen Umständen hätte die Medizin trotz ihrer Diabetes Gabrielas Sehfähigkeit viel leichter erhalten können.

»Wo ist Luis?« Gabriela, die mich an meiner Stimme erkannte, zuckte schluchzend mit den Schultern und schüttelte den Kopf. »Er ist unterwegs. Wir haben Hunger und nichts mehr zu essen. Er sucht einen Kiosk, der uns vielleicht anschreiben lässt. Jetzt habe ich nur noch die Katze.« In der Tat strich eine Katze um Gabriela herum, als wollte sie dieses Häuflein Elend von Mensch trösten. Ich drückte Gabriela das kleine Bündel Scheine, das ich bei mir trug, in die Hand. »Pass gut darauf auf. Gib es gleich Luis, wenn er zurückkommt.« Ich legte meinen Arm um sie, wartete, bis ihr erneutes Schluchzen, »Madre, das können wir doch nicht annehmen«, verebbte und sie sich gefasst hatte. Dann verließ ich sie. Luis würde zuverlässig zu seiner Frau zurückkehren.

Am Montag stand Luis wieder mit seiner Karre auf der Straße. Von da an kam er immer freitags, brachte mir eine kleine Rate und einen Blumenstrauß, bis alle Schulden beglichen waren.

Dass seine Tochter Gloria es zu einem Beruf gebracht hatte, den sie liebte, der sie erfüllte und ihr ein Auskommen gab, hat ihre Eltern im Leben festgehalten und sie nicht völlig verzweifeln lassen. Ein Platz in unserer Berufsschule ist immer auch eine Chance für die ganze Familie. Sie gibt nicht nur, wie bei Gloria, den Eltern Hoffnung, sondern zudem das Gefühl: Wenn sie schon nicht selbst den Ausstieg aus dem Elend im Armenviertel finden können, haben wir aber dennoch der nächsten Generation den Weg dahin geebnet.

Oft sind es auch die Kinder von unseren Absolventen, die enorm profitieren. Die jungen Mädchen in den Armenvierteln werden mangels Alternative oft schon ganz früh Mutter. Wenn sie dann zum Beispiel eine Krankenpflegeausbildung beginnen, müssen sie sich neben den Anwesenheitszeiten in der Schule, den Hausaufgaben und den Vorbereitungen für die Prüfungen auch noch um ihre Kinder kümmern. Diese erleben dann auf einmal Mütter oder Väter, die morgens aufstehen, die selbst lernen und ihre Tage strukturieren. Die Kinder verstehen dann oft zum ersten Mal, warum sie zur Schule gehen. Sie erleben, dass es sich lohnen kann, dort mitzuarbeiten, zu lernen, sich anzustrengen, und am Ende der Schulzeit tatsächlich eine Perspektive warten kann. Ich kann mir nichts anderes als das Vorbild der eigenen Eltern denken, das unseren Kindern so viel Motivation geben kann. Alle Kinder werden am meisten durch das geprägt, was ihre Eltern tun. Aber unsere Kinder in den Armenvierteln haben eben in der Regel Eltern, die selbst keine Perspektive haben und sich dann entsprechend verhalten, so wie die anderen Erwachsenen, die Tanten und Onkel, die Nachbarn, die unsere Kinder hier auch kennen.

Wenn die Kette von Hoffnungs- und Perspektivlosigkeit, die sich wie schmiedeeiserne Ketten um die Herzen und Hände der Kinder winden, ihnen im Elend des Armenviertels nicht mehr Bewegungsraum gewähren als an Fußfesseln gekettete Häftlinge in ihren Zellen, dann vererbt sich die Not von Generation zu Generation. Eine Mutter, die sich plötzlich aufrichtet, weil sie ein Ziel, eine Perspektive für ihr Leben hat, ist für mich jedes Mal eine große Freude. Natürlich sind die Fesseln nicht gleich alle gesprengt. Aber ein Anfang ist gemacht, weil ich weiß, dass wie bei einem Dominospiel jetzt eine umgekehrte Kettenreaktion einsetzen kann hin zu einem guten Leben.

Träume sind für alle da

Kinder richten sich nach ihren Eltern und Eltern schauen auf ihre Kinder. Überall dort, wo Eltern sich an zu enge Grenzen in ihrem eigenen Leben stoßen, wünschen sie sich mehr Weite, mehr Perspektive, mehr Horizont. Wenigstens für ihre Kinder. Sie wünschen ihnen ein gutes Leben. Alle Eltern, überall auf der Welt, hoffen darauf, dass ihre Kinder gute Bildung, eine Ausbildung bekommen, die ihnen ein Auskommen ermöglicht und sie glücklich macht. Das ist bei euch in Europa nicht anders. Auf die Elternsorge, ob ihre Kinder in der richtigen Schule sind, den richtigen schulischen Weg gehen, treffe ich überall. Manchmal möchte ich euch sagen: Entspannt euch, denn nicht selten scheinen mir die Schulängste vor allem in Deutschland überhand zu nehmen. Leider werden bei euch die Kinder schon mit zehn Jahren »sortiert«: Die Guten ins Töpfchen, die Schlechten ins Kröpfchen, schießt mir dazu durch den Kopf. Natürlich wisst ihr selbst, dass das für eine gesunde Entwicklung eurer Kinder nicht gut ist. Eure Ängste, die Kinder könnten den Anschluss verpassen oder ihre Chancen verspielen, sind aber oft stärker. Sie haben euch im Griff.

Damit will ich nicht sagen, dass gute Lehrer und eine gute Schule nicht wichtig sind. Das sind sie zweifellos. Sie sind sogar von außerordentlicher Bedeutung! Einen Platz an einer guten Schule zu bekommen, ist immer ein großes Glück.

Wenn ihr irgendwo lebt, wo ihr keine guten Schulen für eure Kinder vorfindet, dann lasst euch doch herausfordern und erprobt euer bürgerschaftliches Engagement: Schulen können Elternhilfe immer gebrauchen. Eltern können Dinge möglich machen, die sonst nicht umsetzbar wären: freiwillige AGs, die die Lehrer nicht leisten können, Begleitung bei Ausflügen, helfende Hände im Schulalltag, finanzielle und materielle Unterstützung durch einen Förderverein. Mit Farbe und Pinsel und einem geschenkten Samstag könnt ihr Klassenräume aufblühen lassen, wenn in der Stadtgemeinde die Kassen leer sind. Ihr könnt interessante Vorträge, Workshops oder Weiterbildungen für Eltern und Lehrer organisieren. Was immer euren Neigungen, Fähigkeiten und Kenntnissen entspricht, wird euren Kindern zum Segen werden, wenn ihr eure Pfunde für sie einsetzt.

Und falls all das nichts helfen sollte: Tut euch doch zusammen, sucht die anderen, die auch Sehnsucht nach einer guten Zukunft für ihre Kinder durch eine gute Schule haben. Und dann gründet eure eigene. Das braucht Mut und Ausdauer, ist aber eines der sinnvollsten und spannendsten Abenteuer, auf die ihr euch mit eurem Leben einlassen könnt.

So ist es hier im Armenviertel passiert: Irma und ihre kleine Mannschaft wollten sich nicht damit abfinden, dass für die Kinder, die ihren Kindergarten, den wir zusammen gegründet hatten, die Zukunft mit der Entlassung aus diesem schon vorbei sein sollte. Denn was dann? Auf welche Schule sollten die Kinder im Armenviertel gehen? Geld für eine Privatschule hat hier niemand.

Das war der Traum der Kindergartenleiterin: Dass ihre Kinder und alle anderen nicht nur eine gute, schöne Kindergartenzeit haben, sondern auch eine Schulbildung bekommen. Sie hat nicht locker gelassen. Ich habe mir nicht vorstellen können, dass eine Schulgründung erfolgreich sein könnte. Aber die Kindergartenleiterin war nicht zu beirren. Während der Diktatur war an keine Schulgründung zu denken. Aber als Chile 1990 zur Demokratie zurückkehrte und der Diktator Pinochet seine Macht abgeben musste, kam die Gelegenheit dazu. So haben wir angefangen, eine Schule zu konzipieren und sie in der Folge auch gegründet. An dieser Schule wird ebenfalls »gesiebt«, aber nicht, wie sonst üblich, von oben nach unten, sondern nur von unten. Das heißt, dass hier wirklich nur die Allerschwächsten und Allerärmsten aufgenommen werden. Dazu gibt es sogar eine Studie der katholischen Universität: 87 % der Kinder an der Schule kommen aus extremer Armut. Nun stellt euch einmal eine Schule im sozialen Brennpunkt vor, in Berlin-Neukölln beispielsweise. Und stellt euch dann weiter vor, dass ausgerechnet diese, bei uns das *Instituto Alberto Hurtado*, zu den besten im Land gehört! Unvorstellbar, oder?

Alberto Hurtado war ein chilenischer Jesuit, der in den Vierzigerjahren ein Heim für obdachlose Kinder in Santiago gegründet hat. Unermüdlich fuhr er mit einem kleinen grünen

Bus am Mapuche entlang und sammelte Kinder ein. Hunderte bekamen ein Zuhause und eine Ausbildung. Nicht wenige von ihnen studierten. Nach ihm, dem einzigen heiliggesprochenen Chilenen, ist diese Schule benannt. Und sie macht ihrem Namen alle Ehre: Inzwischen ist sie preisgekrönt und die Schüler, natürlich noch immer alles Kinder aus den umliegenden Slums oder Armenvierteln, schaffen es an die besten Universitäten. In den nationalen Vergleichsarbeiten der vierten und der achten Klasse sind diese Kinder vorne mit dabei. Von überall her kommen Besucher, um sich das anzuschauen. Es ist wirklich einzigartig. Eine solche Schule gibt es sonst nirgends. Die Besucher möchten hier lernen, wie es möglich ist, dass auch die Kinder aus den so unterprivilegierten Elendsvierteln lernen können. Die Lehrer sagen dazu: Jedes Kind kann das. Potenziell. Aber ob sie ihr Potenzial nutzen können, entscheiden wir. Nur wenn wir herausfinden, was das einzelne Kind braucht, um lernen zu können, welche Unterstützung in diesem Fall, bei diesem Kind nötig ist, nur dann kann es lernen. Wir Lehrer müssen verstehen, warum die Kinder sind, wie sie sind, was das Leben in dieser extremen Armut mit ihnen, ihren Herzen, ihrer kleinen Seele und ihren Gehirnen macht. Wenn wir das verstanden haben, dann können wir handeln. Von den Kindern erwarten, dass sie in die Schule kommen und lernen, geht nicht

Das Team an dieser Schule überrascht und bewegt mich immer wieder. Sie treiben so viele Spenden auf, dass die Kinder das Mittagessen, das hier gekocht wird, nicht bezahlen müssen. Sie sorgen dafür, dass es hell gestrichene Räume und Bäume gibt, in deren Schatten die Kinder spielen können. Es gibt einen Hof mit Basketballkörben für die Großen und mit Toren für alle Kinder. Manchmal, wenn ich von einem unserer Kindergärten, der ganz in der Nähe ist, komme und gerade Pause ist, dann halte ich an, steige aus und lasse mich ein wenig in dem Gewusel der Kinder treiben.

Ich genieße es, wie sie über das Gelände tollen, freue mich an den schön gestalteten Klassenräumen, aus denen sie strömen. Alles ist einfach eingerichtet, aber viele Wände zieren große, bunte Bilder, auf denen Sonnen strahlen, Regenbögen leuchten oder Kinder lachend Handstand machen und Räder schlagen. Und dann ziehen meine Blicke von diesen fröhlichen Wandbildern den Hügel hinter der Schule hinauf. Die Stadtgemeinde versucht dort, Familien ein menschenwürdigeres Wohnen zu ermöglichen. Wenn sich in den Elendsvierteln ein paar Familien zusammenschließen, dann können sie sich um eine der neuen Sozialbauten bewerben, die wie Gewächshaustunnel den Hang hinauf gebaut werden und wie Schläuche nebeneinanderliegen. Sie können dann zusammen in eines dieser langgezogenen, runddachigen, einstöckigen Gebäude mit Gemeinschaftseinrichtungen ziehen. Die Häuser liegen neben den Papp- und Bretterverschlägen der Elendsviertel, die es auch heute noch an vielen Stellen rund um den Stadtrand von Santiago gibt. Hier wohnen die meisten Kinder, die im *Instituto Alberto Hurtado* eingeschrieben sind. Was für eine Zukunft hätten sie, gäbe es diese Schule nicht? Ach, was frage ich, natürlich hätten sie keine Zukunft! So haben sie eine.

Die Lehrer kämpfen um jedes Kind. Sie wollen keines verloren geben. Sie sind anspruchsvoll. Die Kinder müssen lernen. Aber bei jedem versuchen sie herauszufinden, wie es lernen kann. Ihr glaubt nicht, wie groß meine Freude über diese Schule ist. Dass das überhaupt möglich war und ist!

Der enorme Erfolg dieser Schule hängt für mich ganz klar am Lehrerteam, in dem nicht einer alleine träumt, sondern die miteinander ihren Traum verwirklichen wollen, Kindern eine echte Chance zu geben, die sonst keine hätten. Sie fangen an, eine gerechtere Welt zu bauen. Das können sie nur gemeinsam. Aber gemeinsam können sie es eben auch. Sie schauen nicht auf Tarife, nicht auf Stundenzahlen, nicht auf das, was sie machen müssen. Sie schauen auf das, was zu tun ist. Und tun es einfach. Sie wollen immer dazulernen, wollen verstehen, was diese Kinder brauchen. Sie fragen nicht, ob es dafür Überstunden braucht oder Fortbildungen in der Freizeit, die sie womöglich auch noch selbst bezahlen müssen. Sie tun es einfach und sehen, was sie bewirken. Sie ernten ihre Früchte.

Wer den Erfolg dieser Schule kopieren möchte, ganz gleich wo auf der Welt, muss zuallererst verstehen, dass es nur gemeinsam geht und nur, wenn sie gemeinsam auf die Kinder schauen. Wer das begriffen hat, der wird sein eigenes Schulwunder erleben. Für die Kinder ist es auf jeden Fall ein Wunder. Und für die Eltern ein Traum. So wie für unsere Sekretärin Carol, deren Tochter **Flor** einen Platz an dieser Schule bekommen hat.

Für Carol war es das größte Glück ihres bisherigen Lebens, als **Flor** die Zusage bekam, an dieser Schule lernen zu können. Flor ist heute acht Jahre alt und geht in die dritte Klasse des *Instituto Alberto Hurtado*. In ihrer Schuluniform – weiße Bluse, dunkelblauer Trägerrock – tobt sie oft durch den Flur zwischen unseren Büroräumen, um die große Holztheke herum, an der ihre Mama Carol arbeitet. Wenn sie vor mir abbremst, dann schauen mich wache, dunkle Augen unter einem dichten schwarzen Pony an. Flor ist so charmant wie schelmisch. Und wissbegierig! Manchmal will sie meine kleine Assistentin sein.

Flor ist der ganze Stolz und die ganze Sorge von Carol. Ich kenne sie schon sehr lange. Seit über sechzehn Jahren arbeitet sie bei uns. Ein paar Mal hätte sie für mehr Geld einen anderen Job haben können. Sie wollte nicht. Sie wollte hier bleiben. Als ich sie einmal fragte, warum, sagte sie: »Hermana, ich habe noch nie irgendwo gearbeitet und mich am Montag früh darauf gefreut, zur Arbeit zu gehen. Das Schönste ist die Freude, die mir hier immer entgegenkommt: Ihr freut euch, mich zu sehen, und ich freue mich, euch zu sehen. Du weißt, ich habe es nicht mit der Kirche. Und mit dem Glauben auch nicht so. Ich bin nicht fromm. Und all das muss ich hier auch nicht sein. Aber ich kann ich sein und das kann ich sonst nirgendwo.«

Ich weiß, dass ich nicht immer eine einfache Chefin bin. Einmal drehte ich mich von meinem Schreibtisch um und sah Carol in der Tür stehen. Ganz ruhig stand sie da, so als schaute sie mir schon länger zu. »Aber Carol, warum machst du dich nicht bemerkbar? Du musst doch nicht warten, bis ich mich endlich einmal umdrehe. Was hast du auf dem Herzen?«, fragte ich. »Nichts, Hermana. Ich stand nur da und dachte über dich nach. Weißt du, du bist der Hauptgrund, warum ich hier bis ans Ende meiner Tage arbeiten möchte. Du bist mir einfach ein Vorbild. Aber es ist nicht immer leicht für dich zu arbeiten. Du hast so viel zu tun. Tag und Nacht. Nicht einmal zum Essen hast du Zeit. Und wie alle hier würde ich dir gerne Arbeit abnehmen. Das geht nur so schwer. Aber oft denke ich, gerade wenn ich sehe, wie du mit zwei steifen Zeigefingern deine E-Mails schreibst: Tippen, das habe ich doch gelernt, das ist doch mein Metier! Wenigstens das könnte ich doch für dich tun. Und jetzt gerade stand ich in der Tür, habe dir beim Tippen zugesehen und mich gefragt, ob ich dich nicht fragen soll, ob ich das für dich schreiben kann. Aber dann habe ich gedacht: Du hast so wenige Momente für dich am Tag. Und wenn ich dich tippen sehe, dann bist du vollkommen konzentriert, ganz bei dir und bei demjenigen, dem du gerade schreibst. Ich dachte: Wer bin ich, dass ich dir diese wenigen Momente rauben will?« Carol ist eine wunderbare Frau. Und ich freue mich über jeden Tag, den sie bei uns ist.

Ich mag, wie sie mit Flor umgeht. Und wie sie sie miteinbezieht. Dieser Tage war die Schule einmal früher aus, weil jetzt zu Schuljahresbeginn die kleinen neuen Schüler die ganze Aufmerksamkeit der Lehrer einen halben Tag lang haben sollten.

Als ich nach einer Weile nach Flors Ankunft bei uns meine Nase aus der Tür steckte, sah ich sie auf dem Boden vor dem Regal hinter Carols Theke sitzen. Um sich herum hatte sie einen Halbkreis von Büchern verteilt. »Ja, was machst du denn da?«, wollte ich neugierig wissen. »Ich darf meiner Mama helfen«, war die stolze Antwort. »Weißt du, sie hat mich gefragt, ob ich wohl die Bücher für sie sortieren würde. Sie hat keine Zeit dafür und deswegen mache ich das jetzt. Ich mache es ganz ordentlich. Ich ordne erst alles nach dem Alphabet, aber dann alle Bücher, die zu einem Buchstaben gehören, nach Größe. Schau.« Lächelnd holte ich mir in der Küche meinen Kaffee und dachte an Flors ersten Tag im *Instituto Alberto Hurtado.* Carol war noch ganz bewegt von dem großen Moment, als sie Flor am Gitter im Eingangsbereich an ihre neue Klassenlehrerin abgegeben hatte, die morgens die Kinder in Empfang nahm. »Hermana, weißt du, ich habe nicht so große Träume. Ich bin nicht so eine Idealistin mit hehren Zielen wie so viele, die sich um dich sammeln. Ich will einfach ein ruhiges Leben haben. Arbeit, damit ich für Flor und mich sorgen kann, ein bisschen Geld für schöne Kleidung. Das ist schon alles. Aber einen Traum habe ich doch: den, dass es meiner Tochter an nichts fehlen möge im Leben. Jetzt, wo sie einen Platz in dieser Schule bekommen hat, kann sie alles werden, was sie werden will. Jetzt liegt es nur noch an ihr, was sie aus ihrem Leben macht. Ich war noch nie so glücklich wie heute.«

Ich bin sicher, dass diese Schulinitiative unglaublichen Segen in das Leben der Kinder und ihrer Familien gebracht hat. Jede Anstrengung lohnt das. Und wenn ihr euch an dieser Stelle ermutigt fühlen solltet, etwas für eure Kinder zu tun – dann nur zu! Allerdings solltet ihr auch wissen: Wer von euch Schulen und Schulsysteme mitgestalten will, der braucht einen langen Atem. Einen marathonlangen Atem. Das musste ich auch erst lernen.

Mittags: Wer seine Träume nicht aufgibt, hält durch

An Träumen festzuhalten, die gesellschaftlich nicht gewollt sind, braucht enorme Kraft. Aber dabei kann Unmögliches möglich werden

Von unseren Berufsschulen habe ich schon erzählt. So erfolgreich sie auch sein mögen, so paradiesisch es klingen mag, welche Bedeutung sie für unsere Schüler haben: Vom Himmel gefallen sind sie nicht. Im Gegenteil, ich kann nicht mehr zählen, wie oft wir mit unserer Arbeit schon vor dem Aus standen.

Unsere Berufsschulen sind das Ergebnis eines jahrzehntelangen und extrem zermürbenden Kampfes. Bildung, die den Menschen in den Armenvierteln eine echte Chance auf ein Leben in Selbstständigkeit und Selbstbestimmung zu geben vermag, war immer ein zentrales Element in meinem Traum von einem guten Leben für alle Menschen. Es ist kein Zufall, dass auf der oben zitierten To-do-Liste, die ich meiner Mutter Anfang der Siebzigerjahre schrieb, auch Kindergärten und eine Volkschule als dringlich in Angriff zu nehmende Projekte standen. Doch die allerwenigsten Kinder konnten in die Schule aufgenommen werden, von der ich gerade erzählt habe. Die allermeisten saßen in den staatlichen Schulen mit bis zu fünfzig Kindern pro Klasse. Den Schulabgängern blieb in der Regel anschließend nur die Straße.

Berufsschulen, so wie ich sie aus Deutschland kannte, sind hier völlig unbekannt. Und doch erschienen sie mir immer als logischer Ausweg aus dem Dilemma der Menschen. Den Staat, die jeweiligen Bildungsminister und ihre Mitarbeiter in den jeweiligen Ressorts für diese Idee zu begeistern, war mühsame

Schwerstarbeit. Über viele Jahre kam ich mir vor wie eine weibliche *Dona Quichota*. Was wir erreicht haben, ist weit entfernt von dem, was das duale Ausbildungssystem in Deutschland mit seiner Verbindung von praktischer Arbeit in der Lehrstelle und theoretischer Bildung in der Berufsschule vermag. Der Staat gibt uns gerade einmal Geld für sieben bis höchstens acht Monate Ausbildung. Als wir uns mit einigen kleinen anderen Institutionen, die sich die Ausbildung von Jugendlichen zum Ziel gesetzt haben, zu einer AG zusammenschlossen, hatten wir es 1997 geschafft, einen Artikel im chilenischen Gesetz für Handwerksausbildung von mittellosen Jugendlichen zu verankern. Der Staat verpflichtet sich darin, jedes Jahr dafür zu sorgen, das Geld für diese Arbeit bereitzustellen. 1998 ist die Regelung in Kraft getreten. Unsere Vorstellungen konnten wir lange nicht realisieren, denn wir hatten 500 Ausbildungsstunden und 360 Stunden Praktikum eingebracht, was schon kein Vergleich ist zu dem, was deutsche Berufsschulen leisten können. Genehmigt wurden gerade einmal 300 Stunden. Und auch um die müssen wir immer neu kämpfen. Vor einigen Jahren wurde dieser Kampf sogar noch einmal existenziell, denn auf einmal sollten wir nur noch dann Gelder für unsere Schüler bekommen, wenn wir zugleich eine Effektivitätsstudie durchführen ließen. Ich habe nichts gegen Studien. Aber ich habe sehr wohl etwas dagegen, wenn Studien menschenverachtend sind, was diese hier ohne Zweifel war. Schließlich sollten wir für jeden Schüler, den wir aufnahmen, einen zweiten, der unter den gleichen Bedingungen lebte, auswählen, ihn aber unmittelbar nach der Auswahl auf der Straße seinem Schicksal überlassen, also unmittelbar, nachdem er zum ersten Mal in seinem Leben Hoffnung auf ein besseres Leben verspürt hätte. Und das alles nur, um festzustellen, wie effektiv unsere Ausbildungen sind. Was für eine perfide Idee! Ich würde mich niemals daran beteiligen. Was sollten wir denn all den »zweitausgewählten« Schülern sagen? Da hatten sie nun zum ersten Mal in ihrem Leben eine Chance, hatten erfolgreich ein Auswahlverfahren durchlaufen, schöpften Hoffnung und dann sollten wir ihnen, ohne Gründe anzugeben, sagen: »Schade, aber leider doch nicht.« Und unausgesprochen denken: »Leider ist es für die Studie wichtig, dass ihr auf der Straße bleibt.« Und schließlich sollten sie auch noch zusehen, wie der ausgewählte Bruder oder die Schwester die Ausbildung aufnahm?

Ich setzte alles auf eine Karte, weigerte mich und riskierte damit, alle aufgenommenen Schüler ohne staatliches Geld ausbilden zu müssen. Es bedurfte vieler Verhandlungsrunden, in denen es lange so aussah, als hätten wir keine Chance. Aber das Ministerium lenkte schließlich doch ein, überwies uns die Gelder, ohne dass wir uns an der Studie beteiligen mussten. Das erzähle ich, um euch eine Ahnung von den Schwierigkeiten und Kämpfen zu geben, denen wir nur mit der Ausdauer von Marathonläufern begegnen können. Doch ist die eine Schwierigkeit überwunden, schießt die nächste um die Ecke und landet auf meinem Schreibtisch.

Nur in diesem einen Jahr konnte ich diese unwürdige Selektion auf dem Rücken von jedem zweiten Jugendlichen verhindern. Im Jahr darauf führte die staatliche Behörde dann ihre Studie hinter unserem Rücken durch. Sie verhinderte unseren Protest und unseren Einfluss von vorneherein, indem sie uns die Auswahl, wen wir aufnehmen, aus der Hand nahm. Wir mussten zwar selektionieren, auch die doppelte Anzahl von Postulanten, aber die staatliche Behörde wies uns anschließend die Schüler zu. Wir wurden einfach ausgehebelt. Die zynischen Studien konnten durchgeführt werden.

Aktuell kämpfen wir zum Beispiel mit neuen bürokratischen Hindernissen: Wer Gelder vom chilenischen Staat bekommen möchte, muss nachweisen, dass er das Geld in dem Fall, dass er es zurückzahlen muss, auch zurückzahlen kann. So sollen missbräuchliche Verwendungen ausgeschlossen werden. Dazu müssen wir eine Versicherung abschließen, die im Voraus fünfzehn Prozent der Summe, die wir bekommen würden, kostet. Wie aber sollen wir diese hohe Summe aufbringen, wenn wir das Geld erst Monate später bekommen und bis dahin Monat für Monat die Police zahlen? Mit solchen zermürbenden Praktiken müssen wir einfach leben und uns ihnen mit viel Kreativität und noch mehr Durchhaltevermögen entgegenstellen. Wir dürfen nicht zulassen, dass wir unser Ziel, eine Berufsausbildung, also eine Zukunft für die Jugendlichen, wegen dieser Schikanen aus den Augen verlieren. Das ist oft schwer. Nicht nur für meine Mitarbeiter, auch für mich.

Letztlich steckt hinter diesen und vielen anderen Steinen, die uns in den Weg gelegt wurden, die Tatsache, dass es keinen politischen Willen gibt, mittellose Jugendliche auszubilden. Schlimmer noch: Es fehlt der politische Wille, überhaupt Gelder für sie auszugeben. Es ist wie überall auf der Welt: Wenn es eine erklärte oder auch nur versteckte Absicht gibt, die das Gegenteil von dem will, was man selbst für richtig, wichtig und notwendig hält, dann ist es am schwersten, nicht aufzugeben, weil es so aussieht, als hätte man schon verloren, bevor man überhaupt angefangen hat. Wie soll man gegen einen erklärten Willen das Gegenteil erreichen? Das ist sehr entmutigend. Aber genau das ist es, was nicht passieren darf. Lasst euch nie den Mut wegnehmen, wenn ihr zutiefst von etwas überzeugt seid. Sucht im Gegenteil nach Wegen, so viel Langmut wie irgend möglich zu entwickeln. Genau diesen langen Mut braucht man, um Dinge zu bewegen, auch wenn die Menschen, die die Macht haben, das ganz anders sehen.

Wenn ich in eine solche Situation gerate, dann besinne ich mich auf meine Träume, auf meine Motive und auf den Grund, warum ich diesen Weg angefangen habe. Ich will mich immer frei fühlen. Damit ich das kann, muss ich ehrlich zu mir selbst sein. Ich muss mich immer wieder überprüfen, mich in mein Inneres hineinbewegen und ganz im Tiefsten fragen: Bin ich jetzt gezwungen? Bin ich konditioniert? Was will ich damit? Wenn ich finde, dass ich aus Konditionierung heraus reagiere, das heißt, dass ich an etwas festhalte, weil ich mich gezwungen fühle, dann will ich daran arbeiten und herausfinden, was ich will. Alles ausräumen, alles ansehen, was nicht klar ist. So lange, bis ich klar sehen, zu mir stehen und sagen kann: Ich will das. Das bin ich. Ich handle aus meiner inneren Freiheit heraus.

Für mich ist es ganz wichtig, das zu tun, was ich tun will. Das, was ich meinen Dienst, meine Sendung nenne. Mein Leben leben, mein Leben gestalten. Das will ich nur aus meiner Freiheit heraus tun. Natürlich kann ich auch Dinge aus Rücksicht auf andere tun. Ich kann abwarten bis meine Entscheidungen verstanden werden oder die Entscheidungen anderer respektieren, auch wenn ich sie nicht ganz verstehe. Aber all das geschieht ja auch wieder aus meiner Freiheit heraus.

Mit der Erfahrung, mich aus der Freiheit zu entscheiden, habe ich erst spät in meinem Leben Schützenhilfe bei dem Psychologen Viktor Frankl, einem Holocaustüberlebenden, gefunden. Seinen Namen kannte ich viele Jahre, aber es hat lange gedauert, bis ich ihn wirklich studiert und herausgefunden habe, dass er mit den Menschen auf genau diesen Punkt hinarbeitet, dieser tiefen freien Entscheidung für den Sinn des Lebens. Das ist ganz innig miteinander verbunden: Es geht um den Sinn. Ich entscheide mich für etwas. Dafür, etwas zu tun in meinem Leben, eine Handlung, eine Beziehung. Und im Hintergrund fühle ich immer den Sinn. Ich frage mich: Ist das der Sinn meines Lebens, hat das mit dem Sinn meines Lebens zu tun? Wozu bin ich da? Bin ich dafür da? Wenn ich zu dem Schluss komme, dass ich genau dazu da bin, dann möchte ich das leben, was mir persönlich Sinn gibt und zwar unabhängig davon, ob das, was ich leben will, auch den anderen Menschen gefällt, dem politischen Willen entspricht oder Aussicht auf Erfolg hat.

Aber mit diesem Sinn im Rücken kann ich auch einen Marathon laufen. Wenn ich weiß, ich will genau das tun, ich habe mich in Freiheit dazu entschlossen und es ist das, was ich leben will, dann kann mir ein nicht vorhandener politischer Wille wenig anhaben. Dann weiß ich einfach, dass ich nicht aufgebe. Solange ich mit dem Traum in meinem Herzen verbunden bin, wächst die Kraft in mir immer weiter nach. Und wenn ich mittags wieder einen neuen dicken Hindernisfelsbrocken in Form von ministeriellen Gängelungen oder Schikanen auf den Tisch bekomme, dann bewirkt es in mir und bei vielen meiner Mitarbeiter inzwischen auch, dass wir die Ärmel hochkrempeln und nachsinnen, wie wir auf anderen Wegen um das neue Hindernis herum zu unserem Ziel gelangen.

Wenn ich sage, dass meine Mitarbeiter und ich diese Kraft, die Fähigkeit, sich immer wieder neu aufzurichten, aus dem Sinn ziehen, den wir fühlen, dann ist das richtig, aber doch nur ein Teil der Wahrheit. Denn genauso wichtig ist, und eben so viel Kraft wächst daraus, dass sich unser Leben dadurch immer weiter verändert, dass wir Erfahrungen machen, die niemand von uns ohne diese Hindernisse machen würde. Die Kraft wächst dadurch, dass unsere Arbeit uns in jeder Hinsicht an Grenzen führt. An die Grenzen, die uns unsere Persönlichkeiten, unsere Biografien, unsere Charaktere setzen, wenn wir nicht aktiv werden und diese Grenzen nicht weiten wollen. An die Grenzen unserer Herkunft, unserer Schicht. Und an die Grenze des Lebens, an der der Tod so schnell alles Leben vernichtet. Wie zum Beispiel das Leben von **Cristian**, der Lehrer bei uns in der Autowerkstatt ist.

Jeder Traum bringt dich an deine Grenzen. Aber weil es dein Traum ist, geht es dort weiter

Es war ein heißer Tag in unserem Spätsommer. Mit dem kleinen Jeep, den wir für unsere Dienste bekommen haben, bog ich wie jeden Morgen auf das Gelände unserer Berufsschulen ein. Unser Torwächter Henrique, einer der Väter, die unseren ersten Kindergarten mitgebaut haben und der zu denen gehört, die als politische Gefangene ins Exil gehen mussten, kam aus seinem Wärterhäuschen gelaufen, um das große Tor aufzuschieben. Henrique hat darauf bestanden, dass ich einen eigenen Parkplatz auf dem Gelände bekomme. Morgens liegt der ganze Parkplatz im Schatten. Auch an diesem Morgen liehen die Bäume dem Tag noch etwas Kühle. Ich war noch nicht mit beiden Beinen aus dem Auto geklettert, da lösten sich schon drei Männer von einem Baumrücken und kamen auf mich zu. Zwei von ihnen kannte ich. Es waren Lehrer von unseren Schulen. Sie mussten wichtige Anliegen haben, sonst hätten sie mich niemals um diese Zeit an diesem Ort aufgesucht. Alle Mitarbeiter nehmen Rücksicht auf die vielen Aufgaben, Anfragen, Anliegen, die die Menschen zu mir bringen. Sie kommen nur, wenn es gar nicht anders geht. Aber wer dann kommt, erst recht morgens auf dem Parkplatz, von dem weiß ich, dass es in seinem Herzen brennt. So war es auch dieses Mal. Ein leiser Wind spielte mit seinen Haaren, als Cristian seine dunklen, verschatteten Augen auf mich richtete. Cristian hatte vor Kurzem eine neue Klasse mit Auszubildenden für die Autowerkstatt übernommen. Dass ich dort eine kleine feierliche Ansprache zu Beginn des Kurses gehalten hatte, war vielleicht acht oder zehn Wochen her.

»Hermana. Ich kann es noch gar nicht begreifen. Diego ist tot. Er war im Abendkurs. Vor ein paar Wochen erst hatte er angefangen …« Cristian verstummte. Schweigend wartete ich, bis er sich gefasst hatte, um weitersprechen zu können. Schließlich brach es aus ihm heraus. »Diego ist ermordet worden.« Entsetzen spülte in seinen Augen hoch. Es war das erste Mal, dass Cristian so direkt, so fühlbar mit der Gewalt in unseren Straßen konfrontiert wurde. Natürlich wissen alle unsere Mitarbeiter um die Bedingungen, unter denen unsere Schüler leben. Aber wie immer im Leben sind Wissen und Fühlen zwei ganz verschiedene Dinge. Zu wissen, dass eine Herdplatte heiß ist, ist eins. Seine Hand darauf zu legen, ist eine völlig andere Geschichte. Zu wissen, dass viele junge Männer in Gewalt verstrickt sind, ist abstraktes Wissen. Jemanden in der Klasse sitzen zu haben, der in solchen Verstrickungen sein Leben lässt, ist hingegen eine konkrete, erschütternde Erfahrung.

»Madre, ich würde gerne mit dir zu Diegos Familie fahren.«

»Natürlich, was für eine gute Idee. Wie froh bin ich, dass du zu mir kommst. Das machen wir. Ich schaue, wann es heute am Vormittag geht und gebe dir Bescheid«, sagte ich zu ihm. Sobald ich die dringlichste Arbeit auf meinem Schreibtisch erledigt hatte, wollte ich mich mit Cristian zur Familie von Diego aufmachen. Aber ich musste es erst einmal an meinen Schreibtisch schaffen.

Als Cristian sich abwandte, lösten sich die beiden anderen Männer aus dem Schatten, in dem sie mit etwas Abstand gewartet hatten. Einer der beiden unterrichtete in der Elektrikerklasse. Der andere weinte. »Ich will nicht mehr leben«, schluchzte er. Ich sah, dass er nur noch wenig Kraft hatte. Sein Faden zum Leben war so fein geworden wie ein Spinnennetz. Unser Mitarbeiter hielt Papiere in der Hand: Arztberichte und eine Einweisung in die Psychiatrie war auch dabei. Er war akut suizidgefährdet. Mehrere Selbstmordversuche hatte er schon hinter sich und er hatte angekündigt, es wieder zu tun. In die Klinik wollte er nicht. »Was ist eure Verbindung zueinander?«, fragte ich unseren Berufsschullehrer. »Er wohnt in meiner

Nachbarschaft. Ich fühle mich für meinen Bruder verantwortlich«, war die schlichte Auskunft.

Ich freute mich über beide Mitarbeiter. Sie lebten das, was ich mir für unsere Einrichtungen wünschte: dass alle wie in einer großen Familie aufeinander achten. Dass wir alle in dem Bewusstsein arbeiten, zusammen einen Weg zu gehen, und dass es, wenn einer zurückbleibt, den anderen auffällt. So nickte ich unserem Mitarbeiter dankbar zu und nahm das unglückliche Häufchen Mensch mit in mein Büro. Ich wollte versuchen, wenigstens ein Fünkchen Lebensmut in seiner fast schon verloschenen Seele zu entfachen.

»Sag mir, wie du heißt«, sagte ich. »Antonio«, antwortete er. »Gut, Antonio, setz dich zu mir. Magst du erzählen, was passiert ist?« Zögernd begann er und ich hörte eine Geschichte, wie ich sie schon viel zu oft gehört habe, wie sie unsere Menschen in den Armenvierteln auf Schritt und Tritt begleitet: keine Ausbildung, keine Arbeit, zu viel Alkohol, keine Perspektive. Während ich ihm zuhörte, entspannte sich seine Seele um einen Hauch. Ich wusste: Wenn Antonio sich umbringen will, wird ihn niemand davon abhalten können. Dann wird er sein Leben beenden. Das sagte ich ihm. Und ich sagte ihm auch, dass ich ihn nicht überreden wollte, am Leben zu bleiben. Aber ich suchte mit ihm nach etwas, das er noch erleben wollte. Über Antonios Gesicht huschten Wolken von Schmerz. »Luisa, meine Enkelin«, flüsterte er kaum hörbar. »Ich würde sie gerne noch groß werden sehen.« Vielleicht war das ein Anfang. »Dann kannst du es vielleicht für Luisa tun. Vielleicht kannst du für Luisa in die Klinik gehen.« Forschend schaute ich Antonio an. Ich sah kein Ja darin, keine Zustimmung. Aber die Welt hinter der Mauer, hinter der sich seine Seele verschanzt hatte, war nicht mehr ganz so grau und leer. Der Weg zurück war weit, aber vielleicht würde Antonio ihn gehen.

Als er mein Büro verließ, sagte er zu, noch einmal zu überlegen, ob er die Klinik aufsuche. Ich widmete mich den Lohnschecks, die mir die Mitarbeiter aus der Buchhaltung auf den Schreibtisch gelegt hatten – zusammen mit einem Blatt, auf das sie ein dickes rotes Ausrufezeichen gezeichnet hatten. Diese Arbeit duldete keinen Aufschub. Erst als ich alles, was nicht länger warten konnte, erledigt hatte, rief ich Cristian an. Jetzt konnten wir zu Diegos Familie fahren.

Während ich zum Parkplatz ging, um im Auto auf Cristian zu warten, sann ich über den Vormittag und die Aufgaben, die er mir auf die Agenda gestellt hatte, nach. Wie so oft kommen die Menschen zu mir, wenn es um Leben und Tod geht. Die Armen sind dem Leben so viel unmittelbarer und ungeschützter ausgesetzt. So wie es in ihren Häuschen im Winter kälter und im Sommer heißer ist, weil die dünnen Wände und die Wellbleche kaum vor Wind und Wetter und Sonne und Hitze schützen, ist es auch mit allem anderen: Krankheit, Elend, Not. Alles wirkt viel unbarmherziger auf die Menschen ein. Ihr Leben ist immer viel gefährdeter als unseres, der Tod viel präsenter. Und näher. Verzweiflung packt die Menschen oft unbarmherziger, lässt kaum noch Raum, an eine andere, bessere Zukunft zu glauben.

Als Cristian kam, fuhren wir los. »Kennst du den Weg?«, fragte ich. »Ja, ich war gestern Abend schon einmal mit den anderen Schülern der Klasse da.« »Ach, Cristian, das freut mich. War das deine Idee?« »Ja, ich dachte, wir reden immer davon, dass wir hier eine Familie sind, dass wir unsere Schule als Familie verstehen. Wenn in der Familie auf einmal jemand fehlt, dann kümmern sich doch auch alle anderen darum. Weißt du, die anderen waren so verstört, als Diegos Platz am Montagabend frei blieb. Diego hatte mit seinen Anfang zwanzig begriffen, welche Chance die Schule ihm bot. Er war fröhlich, wenn er kam. Er hat die anderen aufgemuntert, war gerne zu Scherzen aufgelegt und er hat für eine gute Moral gesorgt. Es war einfach ein Schock, als er plötzlich gar nicht mehr da war.« »Es war nicht nur für die Schüler ein Schock«, sagte ich. »Nein, Madre, für mich auch. Und was für einer.« Cristian stockte erst und verstummte dann ganz. Worte passten nicht. Noch nicht. Ich weiß wohl, wie das ist, wenn sich Welten auf einmal berühren, wirklich berühren und vermischen, die sonst nur nebeneinander auf einem Stadtplan verzeichnet sind. Wenn deren Bewohner die Viertel der anderen nur durchqueren, aber nie wirklich aufsuchen. Natürlich kennen Cristian und unsere Lehrer die Welt unserer Schüler. Schließlich fahren sie täglich zur Schule an den langgestreckten Wegen mit den vielen Häusern in den Armenvierteln vorbei. So, wie wir es gerade auf dem Weg zu Diegos Eltern taten. Aber eben nur auf dem Stadtplan und nur als Wege, auf denen man von A nach B durch diese Viertel kommt, nicht als eine Adresse, die man aufsucht und an der man den Menschen dort begegnet. Dann gibt es auch noch Stadtviertel auf dem Stadtplan von Santiago, die man noch nicht einmal durchquert, durch die noch nicht einmal jemand fährt, um von A nach B zu kommen.

Wenn ich mit Besuchern aus Deutschland unterwegs bin, dann biege ich deswegen gerne just auf diesem Weg, den ich mit Cristian nahm, links ab. Weit muss ich nie fahren, um da zu sein, wo ich hin will: mitten im Elendsviertel. Hier gibt es keine Häuschen mehr, so bescheiden sie auch sein mögen. Keine Dächer, keine Fenster, selten Türen. Hier herrscht die nackte Not. Zusammengehauene Bretter, manchmal Wellblech, manchmal nur Tücher als Dächer. Unbarmherzig schleudern diese Möchtegernbehausungen das Elend ihrer Bewohner jedem Betrachter ins Gesicht und ins Herz. Manche Menschen sind verstört von so viel Elend. Sie wollen es nicht so grell vorgeführt bekommen und ihre Herzen schützen vor der Einsicht, was es wirklich bedeutet, so zu leben. Aber manche lassen die grausame Not weit in ihr Herz hinein, fragen nach, wollen wissen, wie um Himmels willen denn solch ein Elend entstehen könne. »Tja«, muss ich dann antworten. »Du? Aber du weißt doch immer etwas.«

Nein, manchmal habe ich eben auch keine andere Lösung mehr. Das passiert meist dann, wenn Menschen, die das Leben in eine Schicksalsgemeinschaft gezwungen hat, den ihnen auferlegten Zwang nicht mehr aushalten können. Wenn zum Beispiel ein Vater seine Arbeit verliert und mit der ganzen Familie zu den Eltern oder der Schwester oder dem Onkel zurückzieht, in ein Häuschen, in dem sowieso schon viel zu viele Menschen in ein oder zwei Räumen zusammenleben müssen. Und in denen allzu oft auch der Alkohol mitwohnt. In solchen Fällen kann es passieren, dass der Tag kommt, an dem eine solchermaßen erzwungene Gemeinschaft nicht eine Nacht länger funktioniert. Wenn dann der Familienvater vor mir steht und nicht weiß, wohin, kommt es vor, dass auch ich nur sagen kann: »Sucht euch ein paar Bretter und versucht euer Glück auf den Hügeln.« Dann ziehen sie los, um den Rand des Elendsviertels noch ein paar Quadratmeter die Hügel hinaufklettern zu lassen und der Not noch ein paar Gesichter hinzuzufügen. Direkt in die Erde stemmen sie dann vier oder sechs Bretter – Pfosten darf man sie nicht nennen – und umwickeln sie mit ausgeleierten Stoffbahnen. Auf zynische Weise erinnert mich das an selbstgezimmerte Strandmuscheln, nur dass sie die Menschen hier, die doch so viel Schutz bräuchten, noch weniger gegen Wind und Wetter schützen als die bunten, leichten Zelte, hinter denen ihr oft eure Tage am Meer verbringt. Selten ist genug Stoff da, um die ganze Fläche zwischen den Eckbrettern zu bedecken. Und jede Assoziation zu Sand, Strand, Sonne, Meer und Urlaub verbietet sich von selbst.

Nicht selten sind die Menschen gezwungen, aus diesen in Eile und nur mit dem Allernötigsten errichteten Provisorien dauerhafte Behausungen zu machen. Dann nageln sie quer und schief Bretter dorthin, wo sie die Tücher gespannt haben, bauen vielleicht noch ein Dach. Mehr gelingt selten. »Aber wir sind doch in Chile, in so einem reichen Land! Wie kann das nur sein?«, fragen alle, die sich ein wenig mit Chile auskennen. Recht haben sie: Natürlich leben wir hier in einem an Bodenschätzen und Ressourcen reichen Land mit einer hochentwickelten Wirtschaft. Aber eben auch in einem Land mit einem ebenso hochentwickelten Neoliberalismus, in dem nur das Recht des Stärkeren oder Reicheren gilt. Was mir immer wieder aufs Neue sowohl die Zorn- als auch die Schamesröte ins Gesicht treibt.

Wir ließen die unsichtbaren Menschen hinter den großen Straßenzügen links liegen, während Cristian mich zum Haus von Diegos Familie lotste. Es war spät am Vormittag, die Sonne feuerte schon heiß, als wir aus dem Auto ausstiegen. Die Häuschen hier haben meist einen kleinen Vorplatz, vielleicht vier Quadratmeter klein, davor einen Zaun. Vor dem Zaun dieses Häuschens stand ein hochgewachsener Mann und zog nervös an einer Zigarette. Mit seinen langen dunklen Haaren, die ihm in einem locker gefassten Zopf auf den Rücken fielen, und seiner randlosen runden Brille sah er jung und sehr müde aus. Cristian stellte ihn mir als Diegos Vater vor. Dabei glomm Freude in den müden Augen auf, beide brachten mich ins Haus. Die Haustüren dieser Häuschen geben meist direkt den Weg frei zum zentralen Raum im Erdgeschoss, in dem sich das Leben der Familien abspielt. Das ganze Leben und auch der Tod. Wie es hier Sitte ist, wenn ein Mensch stirbt, lag Diego in einem offenen Sarg aufgebahrt in der Mitte dieses Raumes. Meist wird der Leichnam, nachdem er hergerichtet wurde, in einen glänzenden Holzsarg gebettet. Der Sargdeckel ist geteilt, die unteren zwei Drittel heruntergeklappt, das obere Drittel wie bei einem Konzertflügel hochgestellt. Die Öffnung lässt dann gerade so viel Sicht auf den Verstorbenen frei, dass man Gesicht und gefaltete Hände sehen kann. Die toten Hände halten meist einen Rosenkranz, eine Kette mit Kreuzchen und eine Blume.

An die Wände waren in dem sonst leeren Raum rundum einfachste Holzbänke gelehnt, auf denen die Frauen der Familie und die Nachbarn sich mit der Totenwache in den Stunden zwischen Tod und Beerdigung abwechselten.

Als ich den Raum betrat, saßen vier oder fünf Frauen auf den Bänken. Aus der winzigen Küche, die unmittelbar und ohne Wand an den Raum angrenzte, kam eine kräftige Frau mit ausgestreckter Hand auf mich zu. Diegos Mutter. Im Kontrast zu Diegos Vater wirkte sie deutlich älter. Wenn sie nebeneinander standen, verstärkte sich dieser Effekt noch.

Die Augen von Diegos Mutter schauten mich überraschend klar an. Die Frau strahlte selbst in dieser Situation Stärke aus. Sie wirkte wie der Fels in der Brandung der Familie. Vielleicht – und das wurde sogleich spürbar – weil auf ihr die Verantwortung des Hauses ruhte. Hinter ihr schlüpfte ein winziges, vielleicht eineinhalbjähriges Mädchen aus der Küche. Es hing an ihrem Bein. Und von oben kam ein junges Mädchen mit einem runden Kindergesicht die steile Holztreppe hinunter. Auf dem Arm trug sie einen Säugling, ein weiteres rosa gekleidetes Mädchen. Diegos Schwester, dachte ich, doch da wurde sie mir schon als *la viuda*, die Witwe vorgestellt. Die junge Frau, die aussah, als wäre sie auf einem Schulhof inmitten ihrer Freundinnen besser aufgehoben, bewegte sich langsam. Mit dem Baby auf dem Arm ging sie um den Sarg herum und schaute mit rotgeweinten, leeren Augen in das tote Gesicht von Diego. Ob bei der Witwe, der Mutter oder der auf der Bank sitzenden weinenden Großmutter: Aus allen Gesten der Familienmitglieder sprang mir der übermächtige Schock entgegen, der sich lähmend über das Haus gelegt hatte. Nur die Kinder, von denen noch mehr herumhüpften, erinnerten die Erwachsenen an das Leben.

Wie es meine Art ist, umarmte ich zur Begrüßung alle Menschen im Raum. Ich kannte die Familie noch nicht persönlich. Aber sie kannten mich vom Hörensagen. Die Mutter erwiderte meine Umarmung dankbar, die junge Witwe war wie abwesend, als ich sie drückte. »*Dios es contigo*, Gott ist bei dir. Und bei Diego. Ihr seid nicht alleine«, sagte ich ihr zärtlich, während ich sie fester an mich zog. Sie sollte mich spüren können. Für einen Moment kam Leben in ihre Augen, für einen Moment erwiderte sie dankbar meinen Blick.

»Was ist passiert?« Vorsichtig versuchte ich herauszufinden, was die Familie wusste. »Irgendeine Sache von Rache«, antwortete Cristian aus der Ecke. Taktvoll versuchte er, Abstand zu halten, so gut das in dem kleinen Raum ging, damit ich meine Aufmerksamkeit ganz den beiden Frauen schenken konnte. Die Mutter erzählte, was sie miterlebt hatte: »Am Montagabend haben sie ihn gerufen. Auf der Straße stand eine Gruppe junger Männer. Sie wollten, dass Diego rauskommt. Dann ist er die Treppe runtergekommen und zu ihnen hinausgegangen. Zusammen sind sie dann weggegangen. Und dann haben sie ihn erschossen.« Eine Geschichte, wie ich sie viel zu oft in meinem Leben schon gehört habe. Es wird so sein, es wird in irgendeiner Form um Rache gegangen sein. Mehr erfuhr ich jetzt nicht. In ein paar Wochen würde ich wissen, was genau passiert ist. Das ist normal. Am Anfang sagt keiner etwas, aber nach einiger Zeit gibt es immer jemanden, der mir die Zusammenhänge erklärt. Die Wahrheit kommt immer ans Licht. Sicher hatten die jungen Männer auch in diesem Fall noch eine Rechnung mit Diego offen, die sie dachten, nur auf diese Art begleichen zu können. Dass Gewalt immer der falsche Weg ist, kommt ihnen nicht in den Sinn.

Ich musste gar nicht erst die beiden winzig kleinen Mädchen im Raum anschauen, um zu wissen, wie viel neues Leid, neuen Kummer, neue Sorgen diese Abrechnung wieder geschaffen hatte: die Tränen der jungen Witwe, der Mutter, des Vaters, der den Raum verließ, weil ihn der Kummer übermannt hatte. Das alles war schon jetzt die Quittung. Und dabei würde es nicht bleiben. Ich bin immer besorgt, dass die Spirale der Gewalt sich weiterdreht, auch in diesem Fall. Schließlich löste ich mich von den beiden Frauen, richtete meinen Blick auf die ganze Runde. »Wollt ihr, dass wir zusammen für Diego beten?« Zustimmendes Murmeln und Nicken erfüllte den Raum. Ich streckte meine Hände aus, lud alle ein, einen Kreis um den Sarg zu bilden. Ich sammelte meine Gedanken, während ich auf Diegos junges Gesicht schaute. Unter den geschlossenen Augen lag Überraschung in seinen Zügen. Umrahmt von weißen Blumen, hochaufragenden weißen Kerzen aber strahlte die Szene auch einen Frieden aus, der nicht mit der Gewalt, die auf ihn ausgeübt wurde, zusammengehen wollte. Liebevoll hatte jemand den weißen Motoradhelm – Diego hatte ein altes Motorrad – über seinem Kopf platziert. Diego hatte es nicht zufällig in die Autowerkstatt unserer Schule gebracht. Er brachte eine Leidenschaft für Fahrzeuge mit. Und gerade, als sein Leben endlich eine Wendung zum Guten, eine Perspektive bekam, wurde es sinnlos ausgelöscht.

Es war schwer, den Hinterbliebenen etwas Tröstliches zu sagen. Ein schwerer Weg lag vor ihnen. Und doch fühlte ich, wie sich die Herzen im Raum etwas entspannten, wie für den Moment ein Trost in die Stube einzog. »Wir sind hier in einer *Casa de Dios* versammelt, euer Haus ist jetzt ein Gotteshaus. Diego ist jetzt nicht mehr unter uns. Aber es ist nur ein physischer Abschied, nur eine physische Trennung. Wir sind davon nicht abhängig, ob Diego unter uns ist oder nicht, um mit ihm in Verbindung zu sein. Wisst ihr noch, wie es früher war, als es noch kein Fernsehen und keine Satelliten gab? Da konnten wir nicht sehen, nicht miterleben, was am anderen Ende der Welt in China passierte oder in Europa oder Sibirien. Heute können wir das sehen. Wir wissen, was dort geschieht. Damals passierte dort genauso viel, lebten die Menschen dort natürlich auch, aber wir hier konnten nichts davon miterleben. Mit Diego ist es genauso. Nennt das, wo Diego jetzt ist, wie ihr es nennen wollt, nennt es Gott, nennt es Energie. Genauso wie die Satelliten unsichtbare Wellen senden, die die Antennen dann auffangen und in Bildern ausstrahlen, ist es mit Diego. Er ist nicht mehr hier, unter uns. Aber er ist nicht weg. Gott ist größer. Wir brauchen nur unsere Antennen einzurichten, dann fühlen wir in unseren Herzen, dass Diego lebt. Dass er nur in eine andere Welt umgezogen ist. Ich weiß, wir Menschen wollen oft wie der ungläubige Thomas sein, der erst dann glauben konnte, dass Jesus nach seinem Tod weiterlebte und die Jünger weiter lehrte, als er ihn seine Wundmale anfassen ließ. So wie es in der Apostelgeschichte erzählt wird, ist es für uns moderne Menschen schwer verständlich. Aber den Wunsch, nur das für wahr zu halten, was man anfassen kann, den haben viele Menschen. Doch das braucht es gar nicht. Ihr braucht Diego nicht anzufassen. Diego lebt weiter. Und weil unsere Antennen in unseren Herzen sitzen, ist das der Ort, an dem ihr Diego finden könnt. In euren Herzen. Dort, wo ihr seine Liebe zu euch und eure Liebe zu ihm fühlt.« Weil Diego unter so dramatischen Umständen gestorben war, fügte ich hinzu: »Hass wird nur neuen Hass in die Welt bringen, Gewalt nur neue Gewalt. Ich bin sehr besorgt um euch, dass der Kreislauf der Gewalt nie endet. Dass Rache nur neue Tränen hervorrufen wird. Weder durch Hass noch Gewalt noch Rache wird der Friede in eure Herzen zurückkehren. Weder Hass noch Gewalt noch Rache werden euch Diego zurückgeben.« Den Menschen liefen die Tränen über die Wangen, als ich das sagte. Aber ihre Tränen fielen sanft und erlösend aus ihren Augen. Es gibt ein spanisches Lied, das viele Menschen gerne bei einer Beerdigung singen. Ich stimmte es an und zumindest den Refrain sangen die anderen mit: »*Señor, me has mirado a los ojos/ sonriendo has dicho mi nombre /en la arena he dejado mi barca / junto a ti buscaré otro mar.*« Ins Deutsche übersetzt heißen die Zeilen etwa: »*Herr, du hast mir in die Augen geschaut und mich dabei lächelnd bei meinem Namen genannt. Auf dem Sand lasse ich mein Schiff zurück, zusammen mit dir werde ich andere Meere erobern.*« Als wir, an den Händen gefasst, am Ende des Liedes angekommen waren, blieben wir noch eine Weile im Kreis um den Sarg stehen. Eine leichte Stille hatte sich über den Raum gesenkt. Ein paar Momente ließ ich sie im Raum schweben und heilen. Dann lud ich alle zu einem Friedensgruß ein. Und während sich jeder jedem im Raum zuwandte und jeder jedem händeschüttelnd oder einander umarmend den Frieden wünschte, der nicht von dieser Welt ist und den wir doch in diese Welt bringen können, fühlte ich, dass ein Anfang gemacht war auf dem langen, so schmerzvollen Weg, der vor der Familie lag. Es gibt kaum einen größeren Schmerz, als dass Eltern am Grab ihrer Kinder stehen müssen. Und diese mussten jetzt auch noch die Verantwortung für die so junge Witwe ihres Sohnes und seine beiden kleinen Töchter übernehmen.

»So viel Leid für Rache«, sagte Cristian erschüttert, als wir uns auf den Rückweg machten. »Von Gewalt habe ich immer nur gehört, nie habe ich jemanden gekannt, der Opfer wurde und vielleicht auch Täter war. Und wer weiß, was hier noch alles passiert. Wer weiß, ob es nicht immer so weitergehen wird. Hermana, ich weiß noch gar nicht, was ich dazu sagen soll. Aber ich habe eben an Diegos Sarg etwas gefühlt, was ich noch nie gefühlt habe. Noch nie war mir so klar, wie viel Sinn unsere Arbeit hat. Dieser Mord hier ließ sich nicht verhindern, aber wir können alles in unserer Macht stehende tun, damit Diego nicht umsonst gestorben ist. Ich jedenfalls werde mit den Jungs aus meiner Klasse wiederkommen und herausfinden, was wir für die Familie tun können. Die Schüler waren so schockiert – vielleicht hilft es ihnen für ihr eigenes Leben, wenn sie sehen, wohin Gewalt und Rache führen. Vielleicht hilft es, wenn sie fühlen, was Solidarität für Diegos Angehörige bedeutet. Vielleicht können wir dem schrecklichen Hass etwas Liebe entgegensetzen.«

Während Cristian sprach, wurde seine Stimme immer fester und entschiedener. Ich zweifelte nicht daran, dass er mit seiner Klasse für die Familie da sein würde. Und dass dieses Erlebnis, das ihn an eine Grenze gebracht und ihm solch eine schmerzliche Erfahrung bereitet hatte, einen noch engagierteren und entschlosseneren Lehrer aus ihm machen würde. Cristian ließ sich von Diegos Tod berühren. Und als er sein Herz dem Leid der Familie öffnete, gruben sich zugleich die Wurzeln von Cristians Traum, den Jungs eine Ausbildung und damit einen Ausweg aus dem Leben auf der Straße zu geben, tiefer in sein Herz ein. Das wiederum bewirkte, dass sich Cristian mehr mit seinem Traum verbinden konnte. Und das gab ihm Kraft, um seinen Traum zu leben. Ein fast schon idealtypisches Beispiel dafür, wie uns Träume einerseits Kraft geben, und wie die Kraft dann andererseits den Traum wahr werden lassen kann.

Diego sollte, wenn er schon sterben musste, nicht einfach umsonst gestorben sein. Diese Maxime hat Cristian sich zur Aufgabe gemacht. Sein Tod hatte ihn an eine Grenze und in Kontakt mit Hass und Gewalt gebracht. Wenn er die Wahl gehabt hätte, hätte er darauf natürlich viel lieber verzichtet. Aber das Leben lässt uns keine Wahl, was wir auf unserem Weg finden. Dafür haben wir immer die Wahl, wie wir darauf reagieren. Cristian hätte achselzuckend zur Tagesordnung übergehen können. Er hätte irgendetwas murmeln können, wie sinnlos es doch sei, sich für die Menschen in den Armenvierteln zu engagieren, wenn denen nichts Besseres einfiele, als sich – für welchen Schwachsinn auch immer – umzubringen. Aber das tat er nicht. So schockierend die ganze Situation für ihn war, er öffnete sein Herz und hörte zu, als ihm am Sarg etwas zuflüsterte: »Jetzt erst recht. Jetzt folge deinem Traum erst recht.« Indem Cristian dem Leben erlaubte, es an seine Grenzen zu führen, fand er mehr Kraft für seine Arbeit. Mehr als er jemals zuvor verspürt hatte.

Manchmal gewinnt man auf diese Art Kraft, um sich noch ernsthafter mit seinen Träumen zu verbinden. Noch mehr Kraft gewinnt, wer nicht nur an seinen Zielen, seinen Traumzielen festhält, sondern auch an den Mitteln, die uns mit Integrität dorthin bringen. Ich bin überzeugt: Wer seine Mittel verrät, wer sich in seinen Mitteln korrumpieren lässt, wer denkt, so sei die Welt eben, nur so könne er an sein Ziel gelangen, seinen Traum verwirklichen, sei dieser auch noch so erhaben, der wird irgendwann auf diesem Weg auch sein Ziel verraten. Der Weg zum Ziel ist mindestens so wichtig, wenn nicht sogar wichtiger als das Ziel selbst.

Ich wollte es immer so halten. Ich wollte auch die Mittel, um meine Ziele zu erreichen und meine Träume zu verwirklichen, nie als Mittel zum Zweck betrachten. Auch sie sollen dem Ziel immer standhalten können. Alles andere hätte ich als Verrat empfunden, als Verrat an meinem Traum, den ich doch mit so viel Hingabe und Leidenschaft leben wollte. Das hat mir viele Konflikte, viel Unverständnis und viel Achselzucken eingebracht.

Wenn ich daran festhalte, dass Mittel und Ziel untrennbar zusammengehören, im gleichen Geist geschehen müssen, dann kann das in seiner konsequentesten Spielart bedeuten, dass ich ganz darauf verzichten muss, mein Ziel zu erreichen. Das kann mich traurig machen oder wütend, aber nicht bitter. Denn mein Leben hat mich nach und nach gelehrt, dass es nicht auf die Ernte ankommt, sondern auf das Säen. Es ist nicht wichtig, was ich ernte. Wichtig ist nur, mit welcher Integrität ich säe, welches Saatgut ich wähle, wie sorgfältig ich es gewinne und wie aufmerksam ich es aussäe. Denn nur auf das Säen habe ich Einfluss. Über die Ernte entscheide nicht ich. Darüber entscheiden immer die anderen.

Natürlich hat mir das Gleichnis des Sämanns aus der Bibel dabei geholfen: die Geschichte, die Jesus den Menschen erzählt, die von ihm hören wollen, wie sie ihr eigenes Leben besser verstehen und glücklicher leben können. An dem Abend, an dem er diese Geschichte erzählt, sind es so viele Menschen, die sich am malerischen Ufer des Sees Genezaret versammeln, dass Jesus den See als Bühne braucht, damit ihn alle sehen und hören können. Er steigt in ein Boot und spricht vom Schiff aus zu den Menschen. In der Bibel erzählt der Evangelist Markus diese Geschichte so:

Ein andermal lehrte er wieder am Ufer des Sees und sehr viele Menschen versammelten sich um ihn. Er stieg deshalb in ein Boot auf dem See und setzte sich; die Leute aber standen am Ufer. Und er sprach lange zu ihnen und lehrte sie in Form von Gleichnissen. Bei dieser Belehrung sagte er zu ihnen: Hört! Ein Sämann ging aufs Feld, um zu säen. Als er säte, fiel ein Teil der Körner auf den Weg und die Vögel kamen und fraßen sie. Ein anderer Teil fiel auf felsigen Boden, wo es nur wenig Erde gab, und ging sofort auf, weil das Erdreich nicht tief war; als aber die Sonne hochstieg, wurde die Saat versengt und verdorrte, weil sie keine Wurzeln hatte. Wieder ein anderer Teil fiel in die Dornen, und die Dornen wuchsen und erstickten die Saat und sie brachte keine Frucht. Ein anderer Teil schließlich fiel auf guten Boden und brachte Frucht; die Saat ging auf und wuchs empor und trug dreißigfach, ja sechzigfach und hundertfach. (Mk 4,1–9)

Irgendwann habe ich verstanden, dass ich alles in dieser Geschichte bin: Mal bin ich der gute Boden. Das sind die Tage, an denen ich nicht nur höre, was mein Herz sagt, sondern auch danach handeln kann. Mal bin ich aber auch der Steinboden, und mal wachsen Dornen in mir. Und dann bin ich auch der Sämann, der einfach sät und nicht fragt, auf welchen Boden der Samen fällt. So wie die Sonne nicht fragt, auf wen sie scheint und Gott nicht fragt, wen er liebt. Gott liebt unterschiedslos, die Sonne scheint unterschiedslos und der Sämann sät unterschiedslos. Er überlässt es dem Boden, ob er Frucht trägt oder nicht. So wie Gott es uns überlässt, ob wir uns so oder anders entscheiden, ob wir seine Liebe annehmen oder nicht. Gott liebt einfach immer und immer weiter. Danach richte ich mich aus. Das ist mein Kompass. So will ich säen.

Wenn ich aber so säe, muss ich wissen, dass es viel länger dauern kann, ein Ziel zu erreichen. Manchmal erreiche ich das Ziel auch gar nicht. So ist es dann eben. Aber sollte ich es nur deswegen aufgeben? Nur weil ich es nicht erreichen kann? Nein. Mein Ziel bleibt mein Ziel. Ganz gleich, ob ich es schnell, spät oder nie erreiche.

Zu meinen Zielen gehört es, dass die Wahrheit ans Licht kommt, bei der Wahrheit, welche auch immer das ist, zu bleiben und sie zu bezeugen. Ganz besonders jedoch geht es mir darum, um die Wahrheit zu kämpfen, wenn es um Ungerechtigkeit, um Willkür und um Gewalt geht. Und manchmal dauert es dann eben vierzig Jahre, bis diese Wahrheiten offenkundig werden.

Manche Träume bleiben Jahrzehnte im Schatten, bevor ihre Blüten das Licht der Welt erblicken

Es war der 9. September 2013. Zu Hause wartete Besuch aus Deutschland. Ich musste gehen, um ihn zu empfangen. Den Morgen über war ich auf dem zentralen Friedhof gewesen. Das ganze Land war von einer Bewegung erfasst. Die Zeit war reif geworden, endlich die Verbrechen der Diktatur anzuschauen, unter denen die Menschen unsäglich gelitten hatten und über die aber damals, in der Militärdiktatur, nicht berichtet worden war. Das Militärregime hatte die Medien gleichgeschaltet. Es gab nur ganz wenige, vereinzelte Unabhängige, die sich trauten, die Verbrechen zu benennen. Sie galten als links, als nicht glaubwürdig. Vielleicht zehn oder fünfzehn Prozent der Medien trauten sich zu sagen, was wirklich passierte. Für alle anderen waren die Berichte Lug und Trug. Sie hielten es für gerechtfertigt, das Land von Kommunisten, Marxisten und aufsässigem Volk zu reinigen. Erst jetzt, vierzig Jahre später, berichteten viele Medien über das, was damals wirklich geschehen war, als am 11. September 1973 das Militär in Chile putschte. Heute wird dieser Tag oft der »andere 11. September« genannt, weil man mit diesem Datum eher die Terroranschläge in New York verbindet als den Militärputsch in Chile. An diesem »anderen 11. September« im Jahr 1973 beendeten die Militärs die Regierungszeit des sozialistischen Präsidenten Salvador Allende. Drei Jahre lang hatte dieser Ernst gemacht und die Ressourcen des Landes neu verteilt. Er führte die sozialen und ökonomischen Reformen seines christdemokratischen Vorgängers Eduardo Frey weiter, verstaatlichte zum Beispiel die Kupferminen, führte eine Agrarreform durch und nationalisierte zum Teil die Banken. Im Land gab es begeisterte Zustimmung und erbitterten Widerstand. Schließlich entschied sich das Militär dafür, zu putschen und ihre Vorstellungen mit Gewalt gegen die demokratisch gewählte Regierung durchzusetzen. Die Militärs bombardierten den Präsidentenpalast. Salvador Allende wollte nicht fliehen und erschoss sich. Nun war der Weg frei für die Generäle unter dem Kommando von Augusto Pinochet, die bis zum 11. März 1990 regieren sollten. Unmittelbar nach dem Putsch begann die Verfolgung von Gegnern des neuen Regimes: Gewerkschaftler, Sympathisanten der Allende-Regierung und linksgerichtete Parteien. Es kam massenweise zu Verhaftungen in Fabriken und Universitäten, in Gewerkschaftsgebäuden und in Regierungseinrichtungen.

Der berühmteste Fall ist das Zusammentreiben von 40 000 Gefangenen im *Estado Nacional*, einem Stadion. Die Opfer verschwanden, wurden gefoltert oder ermordet. Bis zu 4000 Menschen wurden getötet, die meisten davon unmittelbar nach dem Putsch. 20 000 Menschen flohen ins Ausland. Was nun folgte, war eine totale Überwachung der Bevölkerung: Ausgangssperre, Versammlungsverbot, Brief- und Telefonkontrollen durch den Geheimdienst.

All das passierte, aber in den gleichgeschalteten Medien wurde nicht darüber berichtet. Wie oft habe ich mit Menschen aus konservativen Kreisen gesprochen und ihnen von den Verbrechen erzählt. Sie wollten mir nicht glauben. Sie konnten sich nicht vorstellen, dass das die Wahrheit sein sollte. Erst jetzt, vierzig Jahre später, war in Chile die Zeit reif, um über die Ereignisse beim Putsch und die Opfer der Militärdiktatur öffentlich zu berichten.

Diese Berichterstattung löste im Herbst 2013 eine enorme Betroffenheit im Land aus. Sie reichte sogar so weit, dass der chilenische Präsident zu einer Versöhnungs- und Gedächtnisfeier des Staates für die Opfer einlud. Zum ersten Mal sprach er öffentlich von passiver Komplizenschaft oder passiven Unterstützern! Das war noch nie vorgekommen. Zum ersten Mal in der Geschichte Chiles war von den Menschen die Rede, die den Putsch und damit die Gräuel unterstützt oder zumindest geduldet hatten. Auf einmal gab es eine Bereitschaft unter allen Chilenen, die ganze Wahrheit zu hören.

Als der Tag der großen Versöhnungs- und Gedächtnisfeier für die Opfer des Militärregimes kam, war es für mich wichtig, bei den Menschen zu sein. Ich wollte diejenigen begleiten, die an diesem Sonntagmorgen zum Friedhof gingen, um ihre Toten zu ehren, sie zu feiern.

Endlich wurden die Opfer nicht mehr als Verbrecher, als Staatsfeinde angesehen, obwohl sie bewusst oder unbewusst ihr Leben eingesetzt hatten. Es waren so viele ermordet worden, die nicht einmal zu einer Partei gehörten, ja die sich nicht einmal politisch geäußert hatten. Zu all der Trauer um die Ermordeten war bei den Hinterbliebenen daher bisher immer noch die Schande gekommen, weil die Militärdiktatur alle Ermordeten als Verbrecher gebrandmarkt hatte, was ein enormer Schlag für die Angehörigen war. Die Toten wurden heimlich begraben, als Verbrecher in den Augen der anderen. Wobei das Verbrechen gerade einmal darin bestanden hatte, einer politischen Partei anzugehören und von irgendjemandem, einem Nachbarn, einem Kollegen, angezeigt und von den Schergen des Regimes eliminiert worden zu sein. Für die Familien war es die Hölle, am meisten litten die Mütter. Sie schämten sich. Ihre Söhne wurde erschossen, weil sie *Delinquentes* waren, Verbrecher. Diese Scham ließ nicht einmal Wut auf das Militärregime zu. Auch Männer, die in den Lagern einsaßen und das Glück hatten, zurückzukommen, schämten sich all die Jahrzehnte. Dabei haben sie unsäglich gelitten.

Jetzt also, nach vielen Jahren, änderte sich doch noch etwas im Land. Aber nicht bei allen. Auf dem Weg zur Gedenkfeier – ich hatte mich schon über die vielen Sperrungen gewundert –

überfielen mich Reporter: »Warum tust du das? Warum, um Himmels willen, gehst du da hin?« »Weil es endlich Gerechtigkeit für die Opfer gibt und ich bei den Menschen sein will«, antwortete ich. Die Reporter verstanden mich nicht. Ich zog weiter.

Die ganze *Avenida Recoleta* war von Menschen überschwemmt. Es lag eine Stimmung von Hoffnung in der Luft. Eine Feierstimmung. Kein Totengedenken mit Trauer im Herzen. Die Informationen hatten ihre Wirkung getan: Dass damals keine Verbrecher gestorben, sondern Idealisten für ihre Ideale ermordet worden waren, das war es, was in der Luft lag. Die Menschen hatten Fahnen, große Spruchbänder und Musik dabei. Überall erschien wieder der Traum von Gerechtigkeit. Es waren wahre Massen, die auf den Friedhof strömten. Der *Mercurio*, eine rechte Zeitung, schrieb von 30 000 Menschen, die meisten anderen Medien von 50 000, einige sogar von 80 000. Ich kann nur sagen, dass es dort sehr eng geworden ist. Zum Glück haben sich die Menschen über den ganzen Friedhof verteilt, um ihre eigenen Toten zu ehren. Es gab Musik, es gab religiöse Tänze. Es war, als ob das Volk, das sich eine neue Gesellschaft erträumt hatte, nun endlich aufwachen durfte.

Ich war vielleicht eineinhalb Stunden dort und umarmte immer wieder Menschen. Mitstreiter von damals, die ich viele Jahre nicht gesehen hatte. Immer wieder kam es zu Begegnungen, die uns das Andenken an andere Freunde ins Gedächtnis riefen. Aber dann musste ich nach Hause, weil dort mein Besuch wartete. So versuchte ich einen Weg hinaus zu finden.

Da sah ich schwarzen, beißenden Rauch zum Himmel steigen. Grässlich. An den Ausgängen zum Friedhof wurden Autoreifen angezündet. Ich war betroffen: Wer störte diese bunten, fröhlichen Stunden und die Begegnung der Menschen? Ich suchte mir eine Seitenstraße, die vom Friedhof wegführte, doch sie war teilweise auch von Menschen überschwemmt. Am

Ende wurde ich plötzlich Zeugin einer unglaublichen Szene: Im gleichen Moment, in dem ich aus dem Tor trat, fielen die ersten Tränengasbomben auf die Menschen, die noch unterwegs zum Friedhof waren, allerdings auch auf eine Gruppe von etwa dreißig jungen Leuten. Sie waren vermummt. Ihnen gegenüber stand die Polizei mit Tränengas und Wasserwerfern. Die jungen Leute warfen mit Steinen. Ich stand da, sah beide Seiten und ging dann zu den jungen Leuten. »Zieht eure Masken aus. Und geht mit sauberen, erhobenen Händen.« Dazu wollte ich sie einladen.

Auf der anderen Seite sah ich jetzt nicht nur den Wasserwerfer, sondern auch sieben große Mannschaftswagen – ich weiß nicht, wie viele davon motorisiert waren – und einen Riesentrupp schwerstbewaffneter Polizisten. Grün wie ein Drachen stand der Wasserwerfer zwischendrin. Einigen jungen Leuten fiel, als ich mit ihnen redete, der Stein aus der Hand. »Das können wir doch anders machen. Wir können doch reden. Gehen wir darauf zu. Die haben hier gar nichts zu suchen bei dieser Ehrung«, so versuchte ich mein Glück. Aber die jungen Leute glaubten mir nicht. »Gut, dann geh ich alleine«, sagte ich und ging mit erhobenen Händen auf die Polizisten zu, während die Steine weiter flogen. Und dann sah ich den jungen Mann, der die Truppe anführte. Er war nicht vermummt, was mir sehr zu denken gab. Warum hatte er keine Angst, sich zu zeigen?

Ich habe keine Beweise dafür, aber ich würde mich nicht wundern, wenn es ein gekaufter Demonstrant war, der wusste, dass er nichts zu befürchten hatte. Über uns flog ein Helikopter, so tief, dass er sicher Bilder von allem schoss, was hier geschah. Während ich vorwärts ging, rückten die anderen hinter mir auf. Dann traf tatsächlich einer der dicken Steine den Wasserwerfer. Das Fenster des Wasserwerfers war vergittert. Es passierte nichts weiter. Der erste Polizist, der mich sah, war erschüttert über diese kleine Frau! »Geh zurück, geh zurück«, rief ich ihm zu. »Ihr könnt doch gar nichts anderes machen, als zurückzugehen. Bitte! Por favor!« Meine Stimme wurde laut und schrill, so viel Angst hatte ich um die Menschen. »Ihr habt doch hier nichts zu suchen, das sind ein paar Jungs. Seht ihr nicht, dass sich das nicht lohnt?« Jetzt flehte ich inständig. »Bitte, wer ist der Kommandeur? Ich möchte den Kommandeur sprechen. Wer ist zuständig, mit wem kann ich reden?« Der Polizist holte mich an seine Seite. Inzwischen hagelte es immer mehr Steine, die jungen Leute waren nachgerückt, und tatsächlich wich der Wasserwerfer zurück.

Ich versuchte mit dem einen oder anderen zuständigen Polizisten zu reden. Sie waren alle schwerbewaffnet und dachten sich wahrscheinlich: »Die verrückte Nonne, was will sie nur?« Jedenfalls konnte ich nichts bewirken. Daraufhin versuchte ich, die Zuschauer, die Menschen an der Seite, zu Zivilcourage einzuladen. »Kommt doch mit und helft mir, die Polizei davon zu überzeugen, dass sich das überhaupt nicht lohnt. Die könnten doch gehen, wir brauchen sie nicht!« Aber ich konnte auch hier niemanden bewegen. Manche sagten mir: »Sie sind aber mutig, Respekt!« Aber motivieren konnte ich sie nicht. Dabei hätten genügend Zuschauer an beiden Straßenseiten gestanden. Ich konnte nichts bewegen und ich musste nach Hause. Ich war so betroffen, dass ich zu Hause erst einmal versuchte, die Polizei zu erreichen, damit diese Hundertschaft abgezogen wurde. Wieder konnte ich nichts erreichen. Dann dachte ich: »Gut, damit ist das Kapitel abgeschlossen.« Mitnichten, wie sich herausstellen sollte.

Am Nachmittag sagte jemand zu mir: »Ich habe dich im Fernsehen gesehen. Eine Schwester, eine Religiöse, die die Polizei beschimpft.« »Was sagst du da? Ich habe die Polizei beschimpft?« »Aber ja! So bringen sie es.« Rosa war nicht die Einzige, die die Nachricht sah. Da kann man nichts machen. Da muss man durch. Natürlich: Die einen feierten mich dafür, dass ich mich mit der Polizei angelegt hatte. Das ist das, was sie am liebsten haben, dass man die mal ordentlich beschimpft. Aber ich habe niemanden beschimpft. Ich habe sie gebeten, sich zurückzuziehen. Und das ist auch das Einzige, um das ich gebeten habe. Diese Konfrontation war total irrational. Niemandem brachte sie etwas, erst recht nicht bei diesem Aufgebot von Polizisten und Material: Wasserwerfer, Waffen, Helikopter. Wozu? Und warum war dieser eine junge Mann unvermummt? Sein Gesicht zu zeigen ist gefährlich. Es sei denn, man hat nichts zu fürchten, weil man weiß: Mir wird als gekauftem Provokateur nichts passieren. Mir schien, dass die ganze Gruppe keine Linken waren, dass es vielmehr Rechte waren, die provozierten, damit es Bilder von gewalttätigen Linken in den Medien gab, damit es auch am Tag des Gedenkens der Opfer der Diktatur Bilder als »Beweis« dafür gab, dass alle Linken Verbrecher sind, denen nicht zu trauen ist. Bis heute ist Chile gespalten. Es gibt Menschen, die den Putsch als Abwendung einer marxistischen Gefahr gutheißen.

Wir hatten schon einmal einen solchen Fall, in *Valparaiso*, als ein vermummter Polizist vor dem Kongress während der Studentenproteste anfing, Steine zu werfen. Doch die Studenten erkannten, isolierten und übergaben ihn dem Parlament. Das ist vielleicht eineinhalb Jahre her. Der Fall ging damals durch die Presse. Nun hatte ich einen schlimmen Verdacht und wurde aus der ganzen Geschichte nicht schlau. Sicher war nur: Ich hatte keinen Polizisten beschimpft.

»Hermana, ein Fernsehteam will dich sprechen.« Als ich am nächsten Tag morgens gerade im Büro angekommen war, wurde ich von einem Filmteam regelrecht überfallen. »Wir wollen nur kurz reden«, sagte der Reporter. Ich sah, dass er sich unwohl fühlte und als mein Blick auf das Logo seines Senders auf dem Mikrofon vor der Kamera fiel, wusste ich auch, warum.

Sie waren vom gleichen Sender, der am Tag zuvor die Falschmeldung gebracht hatte. »Ich habe niemanden beschimpft«, sagte ich. Er antwortete nichts darauf. Sie wollten es dann herunterspielen, aber ich wusste schon, was in Wirklichkeit passiert war: Es hatte so viele Anrufe von Augenzeugen der Szene gegeben, dass der Sender den Bericht nicht mehr senden konnte. Und jetzt wollten sie wohl die Dinge wieder zurechtrücken. Sie wollten wissen, wer ich eigentlich bin und was ich mache.

»Nur ein kleines Statement und ein kleiner Bericht für die Mittagsnachrichten. Wir wollen nur wissen, wer diese Nonne ist.« Nun gut, dazu war ich bereit. Noch während wir drehten, kam ein Anruf: Der Sender wollte mich nun unbedingt für eine große Sendung haben. *Mentiras verdaderas* hieß sie, was übersetzt so viel wie »wahrhaftige Lügen« bedeutet. Ein provokanter, ironischer Titel, denn es handelte sich um eine Sendung, die sich Aufklärung zum Ziel gesetzt hatte. In den letzten Monaten hatten sie Ausgabe um Ausgabe Fälle und Geschehnisse geschildert, wie sie in der Diktatur dargestellt worden waren und damit kontrastiert, was wirklich geschehen war. Putsch, Menschenrechte und Aufarbeitung der Verbrechen. Das war der Themenkreis. Die ganze Presse wusste, wie die Dinge während der Diktatur verdreht worden waren. Jetzt wurden sie klargestellt und in diesem Zusammenhang eben auch, dass die Nonnen links und kommunistisch waren, mit Waffen angerannt kamen und was man nicht noch alles über uns sagte. Das waren Lügen, nichts als Lügen. Und die Menschen müssen sich heute mit der Wahrheit konfrontieren. Damals konnte sich niemand vorstellen, dass die Medien lügen. Aber so war es.

In diese Sendung wurde ich nun also eingeladen. Eineinhalb Stunden lang wurden im Hintergrund immer wieder die Bilder gezeigt, wie ich mit den Polizisten und den Jugendlichen redete. Daneben stand in fetten Lettern: Nonne beschimpft Polizisten. So, wie es im Fernsehen gezeigt worden war. Und nun saß ich daneben und erzählte fröhlich, wie es wirklich gewesen war. Ich erzählte von den Anfängen in Chile, von der großen Hoffnung, die unter Präsident Salvador Allende in den Menschen im Armenviertel aufbrach. Von der Hoffnung, die sie solidarisch werden ließ und aus der all die vielen Initiativen entstanden: die Suppenküchen, die Poliklinik, die Kindergärten, die Nachbarschaftshilfen. Aber dann erzählte ich auch von den Zeiten der Diktatur, vom Besuch von Lucia Hiarte, der Ehefrau des Diktators Pinochet. Zweimal war sie bei uns in den Armenvierteln. Kurz danach wurde ich von der Gruppe Chakal der DINA, des Geheimdienstes, verhaftet. Mittlerweile ist meine Akte beim Geheimdienst aufgetaucht. Ich wusste immer, dass ich unter Beobachtung stand und in Lebensgefahr war. Mir hat es wenig ausgemacht, das nun schwarz auf weiß zu lesen und auch zu wissen, wer mich wann denunziert hat. Es ist einfach eine Wahrheit mehr, die sichtbar wird. Nicht anders, als es den Schrecken und Verbrechen der Diktatur erging.

Der junge Moderator war ganz Ohr in der Sendung. Er wurde immer fokussierter und aufmerksamer, je mehr ich von den dunklen Zeiten erzählte. Im geteilten Monitor, dem Markenzeichen der Sendung, wurden neben mir die wahren Bilder eingespielt: Erschießungen, Misshandlungen und das Zusammentreiben von Menschen. Das veranschaulichte, worum es ging: endlich die Wahrheit zu sagen und sie auch zu zeigen. Irgendwann fragte mich der Moderator, was ich denn von den Menschen denken würde, die bis heute diese Wahrheit nicht ertragen könnten, die bis heute die Gräuel der Diktatur verleugneten. Ich antwortete ihm, was ich immer sage und was ich aus ganzem Herzen fühle: dass mir diese Verleugnung wehtut, und zwar für die Menschen, die verleugnen. Es ist so wichtig, die Realität zu sehen, um selbst Frieden zu finden. Es gibt keinen anderen Weg. Und jeder, der es nicht tut, schmerzt mich.

Es war eine gute Sendung, die endlich die Wahrheiten ans Licht brachte, die schon damals nicht im Dunkeln hätten bleiben dürfen. Dass diese Sendung noch größere Kreise ziehen würde, ahnte ich nicht.

Doch am 11. September 2013 hatte ich erst einmal keine Zeit für Interviews, obwohl es einige Anfragen gab. An diesem Tag war mein Platz bei den jungen Leuten in der Siedlung *Angela Davis*. Ich wusste, dass sie einen großen Prostest, ein großes Ding veranstalten wollten und ich wollte bei ihnen sein. Ich wollte versuchen, Gewalt und Unheil zu verhindern. Ich hatte mit dem Bürgermeister gesprochen, ihn gebeten, seinen Einfluss geltend zu machen, sodass möglichst keine Polizei in der Nacht auftrat. Und ich wollte, dass wir, also die Menschen aus der Gemeinde und ich, uns so organisierten, dass wir die jungen Leute von einer anderen Form von Protest überzeugen konnten. Die Proteste beginnen in der Regel gegen zehn Uhr abends. Der Treffpunkt ist die Ecke an der großen Straße, an der unser Gesundheitszentrum steht. Vor zwei Jahren ist hier ein junger Mann bei Protesten gegen den 11. September erschossen worden. Einfach so. Er ist natürlich zum Märtyrer und Held erklärt worden und wurde auch so geehrt. Er ist wirklich bei Auseinandersetzungen mit der Polizei erschossen worden, obwohl er völlig unschuldig war. Ich dachte, wir könnten diesen Augenblick nutzen, um eine große Lichterkette zu formieren, im Andenken an diesen jungen Mann. Starten wollten wir von seiner Gedenkstätte, dann durch die Siedlung, durch die breiten Straßen ziehen. Das war der Plan und dafür hatte ich zweihundert Kerzchen gekauft. Ich wollte die Menschen zum Gedenken einladen und sie so davon abhalten, Steine zu werfen oder andere Gewalt anzuwenden, zum Beispiel unsere

Bushaltestellen zu zerstören. Wir haben vier Bushaltestellen hier. Sie haben ein kleines Dach, das wollte ich bewahren, denn wenn es einmal zerstört ist, dauert es Monate, bis es wieder gerichtet wird. Außerdem sind alle Bushaltestellen Wind und Wetter ausgesetzt. Das Gleiche gilt für unsere Ampeln. Auch die brauchen wir dringend. Die Stadtgemeinde hatte zum Glück die meisten Ampeln während des Tages abgenommen, damit sie nicht zerstört werden konnten. Das ist das, was mich am meisten schmerzt bei dieser ganzen Geschichte: dass die Menschen die Dinge kaputtmachen, die sie in der Siedlung dringend brauchen. Eine solche Selbstzerstörung nutzt niemandem, und dass man mit Eisenstangen gegen die Polizei anrückt, ebenso wenig. Das Beste wäre, es gäbe keine Polizei bei diesen Protesten. Das hatte der Bürgermeister nicht geschafft. Ich weiß nicht, warum.

Als ich so gegen halb neun ankam, gab es schon die ersten kleinen Straßenkämpfe. Auf der Straße brannten Autoreifen. Ich ging hin und fragte: »Was nützt das?« »Es muss etwas passieren, damit unser Prostest im Land gehört wird.« »Wie meint ihr das? Wir machen unsere Busstationen kaputt, irgendjemand, vielleicht auch jemand von euch, liegt auf dem Boden und blutet und dann kommt das Fernsehen und sagt, wie fantastisch euer Protest ist und will von euch wissen, was ihr alles zu sagen habt und warum ihr protestiert?« fragte ich. Die jungen Leute nickten. Ja, so stellten sie sich das vor. »Sonst berichtet niemand über uns, wenn wir nicht protestieren, wenn nicht wirklich etwas passiert.« Ich setzte mich mit einer Truppe auseinander, die ich nicht so gut kannte. Sie waren dann wütend auf mich. Aber noch wütender waren sie auf die Polizei. Ich konnte sogar noch Autoreifen, die nicht angezündet waren, von der Straße aufheben, damit nichts passierte.

Natürlich war inzwischen für den ganzen Nordteil von Santiago der Strom ausgefallen. Es war dunkel, mit Ausnahme der

Feuer, die angezündet worden waren. Die Polizei war leider mit drei Transportern vor Ort, die ersten Tränengasbomben wurden geworfen. Ich ging dorthin , wo sich der Hauptteil des Protestes formierte, denn dort standen auch die meisten Polizisten. Ich redete mit ihnen und bat sie zu gehen. »Wir werden auf unsere Straße aufpassen, aber bitte geht weg. Es hat gar keinen Sinn, denn ihr seid für sie eine Provokation.« Die jungen Leute formierten sich schon. »Wo ist denn der Chef? Der Bürgermeister hat gesagt, ich könnte mit ihm reden«, sagte ich zu einem Polizisten. Jemand zeigte mir, wen ich ansprechen musste. »Warum geht ihr nicht weg?«, fragte ich den Leiter der Polizeiaktion. »Ihr seid eine Provokation, versteht ihr das denn nicht? Lasst uns alleine eine friedliche Gedächtnisfeier mit Kerzen für den Toten abhalten. Dann wird nichts passieren, dann gibt es keinen Krawall.« Wir hatten auch schon die ersten Kerzen angezündet. Das konnten die Polizisten sehen. Sie wussten auch, dass die Gedenkstätte hier lag. Aber die Polizisten ließen sich nicht erweichen. Ich weiß nicht einmal, ob sie verstanden, was ich von ihnen wollte.

In diesem Moment stieß auch schon eine Horde junger Leute aus unserer Siedlung von Osten her zu uns. Einige Leute aus unserer Gemeinde, die die Siedlung 1972 mitgegründet hatten, waren mit mir und Maruja zusammengekommen, wir wollten die jungen Leute aufhalten. Maruja ist hier sehr bekannt. Wir konnten mit ihnen reden und sie auch etwas beruhigen. Ich pendelte zwischen den Jugendlichen und der Polizei, fragte die Polizisten wiederum: »Warum geht ihr nicht? Das ist eine Provokation für die Menschen hier. Ihr seid die Provokation. Ihr würdet uns den größten Gefallen tun, wenn ihr geht. Ich weiß, ihr seid da, um uns zu schützen, aber das nützt nichts, wenn es nicht so verstanden wird. Ihr seid da und provoziert.« Das Allerschlimmste war, als ich sah, dass sich eine Truppe von Polizisten zu Fuß in die Siedlung wagte. Sechs oder sieben Mann, eine kleine Truppe. Ich sah sie von einer Seite kommen. Unsere jungen Leute waren vielleicht fünfzig Meter entfernt. Ich lief zu den Polizisten und schrie sie wie wild an: »Ihr haut ab hier. Sofort. Schluss. Raus! Das geht gar nicht anders, die machen euch zu Pfannkuchen!« Die Polizisten hatten ihre Waffen. Ich dachte an unsere jungen Leute. Da wäre es um Leben und Tod gegangen. Und ich wusste ja, dass die jungen Leute protestieren wollten, um in die Medien zu kommen. Das war die Gelegenheit dazu. Die Polizisten ließen sich zum Glück von mir abschrecken. Vielleicht ahnten sie, dass es tatsächlich um ihr Leben ging. Sie hätten schießen können, ja. Aber sie hätten letztlich gegen die aufgeputschte Masse keine Chance gehabt. Sie verschwanden dann in der Seitengasse, durch die sie gekommen waren.

Bis Mitternacht waren wir zugange, dann packten die jungen Leute ihre Sachen. Nach und nach löste sich alles auf. Wir hatten es noch einmal ohne Blutvergießen geschafft. Wenigstens dieses eine Mal.

Meine Gedanken zogen zu den vielen Gelegenheiten, bei denen es in den Jahren der Diktatur anders ausgegangen war. Wie viele Male hatten wir mitangesehen, dass junge Männer und junge Frauen verschwanden? Der Geheimdienst holte die Mitglieder meiner Gemeinde, weil sie sich das eher trauten als mich, die rote, kommunistische Nonne aus dem Ausland mitzunehmen. Sie brachten die Menschen an unbekannte Orte, in Gefängnisse, Lager oder Foltereinrichtungen. Und wir mussten alle Hebel in Bewegung setzen, um sie zurückzubekommen. Manchmal ist uns das, wie bei Kenna und Luis, auch gelungen. Die beiden waren bei einer Versammlung im Kindergarten, als sie verschleppt wurden. Als die anderen zu mir kamen, war schon alles zu spät.

Obwohl Sperrstunde war, ging ich mit Maruja zur Wache. Das war gefährlich. Wir hatten eine Art Verbündeten dort,

Colonel Brücher. Wenn er konnte, half er uns. Nach einer Weile verschwand er dann selbst. Er fand damals Luis und Kenna und wir konnten sie abholen. Alle anderen aber, die mit ihnen verschleppt worden waren, kamen nie wieder zurück.

In den Jahren der Diktatur ist unermessliches Unrecht geschehen. Wir hatten unseren Traum von einer gerechten Welt. Dieser Traum war so stark, doch das Unrecht auch so groß. Der Traum ließ uns durchhalten. Was hätte Aufgeben für einen Sinn gemacht? Das Wichtigste war für uns, die Menschen über das, was wirklich geschah, zu informieren. Wenn die Schergen der Diktatur zum Beispiel junge Menschen umbrachten und sagten, es seien Terroristen gewesen, dann versuchten wir, Handzettel zu drucken, auf denen die Wahrheit zu lesen war. Eine große Aktion machten wir mitten in der Stadt, an der Hauptverkehrsader: Wir kamen aus verschiedenen Richtungen, stellten uns auf die Straße, ließen den Verkehr zusammenbrechen, sangen, skandierten, beteten und warfen die Handzettel in die Menge. Dann zerstreuten und versteckten wir uns wieder so schnell wie möglich. Wenn einer verhaftet wurde, war unsere Strategie, dass alle anderen anboten, sich mitverhaften zu lassen. Damals war es unmöglich, die Wahrheit anders zu kommunizieren.

An diese gewagten Aktionen, die so viel persönlichen Einsatz erforderten und mit so großem persönlichen Risiko behaftet waren, musste ich denken, als ich im Studio saß, um die Sendung »Wahrhaftige Lügen«, *mentiras verdaderas*, aufzuzeichnen. Vier Jahrzehnte hat es gedauert, bis die Menschen sich für das, was wir damals sagen wollten, interessierten. Jetzt aber gab es kein Halten. Nach der Sendung hatte ich in der gleichen Woche noch eine Fernsehanfrage. *Tolerancia Zero*, »Null Toleranz«, hieß diese Sendung. Drei sehr bekannte Journalisten veranstalten sie jeden Sonntagabend. Hier stellen sich die Präsidentschaftskandidaten dem Publikum, hier entscheiden sich viele gesellschaftliche Prozesse. Wer eine Meinung hat, wird eingeladen. Was hier passiert, wird montagmorgens in ganz Chile diskutiert. Meine Freunde sorgten sich um mich. Null Toleranz heißt so viel wie: Jede Frage – auch jede freche – ist erlaubt. Wir machen vor nichts halt. Und als besonders kirchenfreundlich hatten sich diese Journalisten auch noch nie gezeigt. Vor allem einer von ihnen, blitzgescheit, galt immer als besonders kirchen- und religionsskeptisch.

Es wurde ein schöner Abend. Die Sendung dauerte fast drei Stunden. Und als ich an die Reihe kam, habe ich mich gewundert, denn ich bin nicht so gut in kurzen Antworten. Aber dass sie mich so lange reden ließen, war schon erstaunlich. Irgendwann spürte ich eine Unruhe, aber ich redete einfach weiter. Danach dauerte es noch einmal eine knappe Stunde. Was passiert war? Die Quoten waren so hochgeschnellt, während ich redete, dass die Regie kurzerhand beschlossen hatte, den Film, der für den dritten Teil vorgesehen war, nicht einzuspielen und mir die ganze Sendezeit zu lassen. So konnte ich wirklich von damals und von unserer Arbeit heute berichten. Die Journalisten fragten weiter und es wurde ein sehr spannender und lustiger Abend. Am Ende sagte der größte Skeptiker unter ihnen mit leicht gespielter Verzweiflung: »Wenn diese Frau auch nur noch fünf Minuten weiterredet, dann trete ich morgen früh in die katholische Kirche ein.«

Ich bin so froh, dass sich die Wahrheit heute in Chile durchsetzt. Die Gesellschaft hat noch einen weiten Weg vor sich, wenn sie ihre Wunden wirklich heilen will. Da brauche ich nur nach Deutschland zu schauen: Die deutsche Gesellschaft hat sich wie kaum eine andere den Verbrechen in der Zeit des Nationalsozialismus gestellt. Aber ein Anfang ist jetzt auch in Chile gemacht, denn es wird über die Verbrechen der Diktatur öffentlich gesprochen.

Ob man an seinen Träumen festhalten kann oder nicht, liegt nach meiner Erfahrung nicht nur daran, ob man Mittel und Ziel übereinbringt, und nicht zulässt, dass Mittel und Ziel korrumpiert werden. Genauso entscheidend ist, mit wie viel Einsatz oder Hingabe der eigene Traum gelebt wird.

Es ist leichter, seine Träume zu verwirklichen, wenn man sie ganz lebt. Denn ein halbes Opfer raucht nur, aber ein ganzes brennt

Das ist eines der Worte, die ich aus meiner Kindheit mit ins Leben genommen habe: Ein halbes Opfer macht Rauch. Ein ganzes brennt. Und ich habe im Laufe meines Lebens immer mehr erfahren: So ist es!

Obwohl ich sonst nicht von »Opfer« rede: Der Einsatz, die ganze Hingabe, die gibt zurück. Die Halbhingabe oder die beschränkte Hingabe hat einen halben Verbrennungswert, sie verrußt. Die Dinge – welche auch immer – oder den Traum – welchen auch immer – mit ganzem Herzen zu verfolgen, das verbessert nicht nur die Chancen, dass der Traum Wirklichkeit wird, es verändert auch definitiv die Zeit bis zu diesem Moment zum Positiven. Und natürlich auch die Ergebnisse: Der Traum wird größer, heller und strahlender erscheinen. Oder anders gesagt: Die Liebe darin wird zu mehr Menschen fließen können. Nehmen wir als Beispiel unsere Krankenpflegeschule und ihre Schülerinnen und Schüler. In unserem Verständnis ist die Arbeit ein Dienst an den Kranken. Ein Dienst, der vollen Einsatz verlangt.

Und das erwarte ich von den Menschen, die hart arbeiten mussten, um hier so weit zu kommen, als Krankenschwester oder Pfleger zu arbeiten. Das ist nicht ohne Tücke. Für sie kann es schwierig sein, dem anderen mitfühlend zu begegnen.

Menschen, die etwas mit viel Einsatz und Leistung erreicht haben, werden als Person zwar »geschmiedet«, aber sie werden häufig auch hart oder unsensibel dem Leid oder Schmerz anderer gegenüber. Sie denken dann: »Ich musste das leisten, also müssen die anderen das auch.« Es gibt Menschen, die, wenn sie selbst viel Leid durchgestanden haben, sehr empfänglich und herzlich werden anderen gegenüber, aber es gibt auch solche, die durch die Leistung und den Einsatz, den sie bringen mussten, anderen Menschen gegenüber hart werden und dann auch den Kranken gegenüber hart sind.

Da in unserem Verständnis die Arbeit mit Kranken ein Dienst ist, bei dem ich mich verpflichte, den anderen zu dienen, schaffen wir ein Bewusstsein dafür, dass derjenige, den ich betreue ganz und gar von mir abhängig ist. Ob ich ihm nun die Bettschüssel hinstelle und rechtzeitig wieder wegnehme: Wie ich das mache, mit welcher Geste, mit welcher Zuwendung; wenn etwas untergeht, wie ich dann darauf reagiere, das ist von großer Bedeutung. Oder auch, wie ich mit missmutigen Patienten umgehe oder mit ungeduldigen und despotischen oder mit unterwürfigen. Es geht darum, dass mit jeder Geste Liebe ausgedrückt wird. Für mich ist es ganz wichtig, das zu tun, so weit wie wir nur können.

Damit es aber für alle gut ist, nicht nur für die Patienten, braucht es noch einen weiteren, ganz wichtigen Schritt im Bewusstsein der Pflege: Ich wünsche allen, die welchen Dienst auch immer tun, dass sie ihn aus einem freien Herzen heraus tun können.

Dem anderen dienen, das ist eine innere Leistung: Dreck wegräumen, putzen, weil jemand mal danebengemacht hat, obwohl das nicht meine Aufgabe wäre. Trotzdem ganz schnell den Putzlappen nehmen, den Dreck wegmachen, ist erst recht eine innere Leistung. Davon frei zu sein, ob es gesehen wird oder nicht, das ist dann die Krönung der eigenen Leistung.

Dann zieht große Freude darüber ins eigene Herz, dass man die Dinge einfach tun kann. Probiert es aus, ich kann es nur empfehlen! Wenn ich mich dadurch aber gedemütigt fühle oder es tun muss, dann ist es für mich selbst nicht gut, dann verletze ich mich selbst.

Es ist schrecklich, wenn die Arbeit sich wie eine Demütigung anfühlt, zum Beispiel, wenn man den Dreck anderer wegmachen muss. So vielen Menschen auf der Welt geht es so. Sie fühlen sich unter die unterste Schicht gedrängt. Sie denken, sie sind nichts wert, weil sie nur die untersten Dienste tun, die verachtet werden und nicht die Spur von Ansehen haben. Das darf nicht sein und wo ich es mitbekomme, versuche ich immer ein anderes Bewusstsein zu wecken. Die Herausforderung ist dabei für mich, so an die Menschenherzen zu kommen, den Menschen so begegnen zu können, dass sie ihre Würde entdecken und sie selbst träumen können. Es ist ein Unterschied, ob ich für andere den Dreck wegwische und dabei denke: »Ich bin nichts wert, ich bin das Letzte« oder ob ich die gleiche Arbeit tue und dabei denke: »Ich bin hier ganz wichtig, weil ich sauber halte, weil ich für die Hygiene zuständig bin und weil das den anderen nützlich ist«. Aber dazu braucht es einerseits Freiheit und andererseits Würde.

Wie sehr wünsche ich allen Menschen, dass sie in sich durchstoßen zu der freien, aufrechten Haltung: Ich mache das aus Liebe zu diesen Menschen, für die das gut ist, die das brauchen, und auch für mich.

Und dann gibt es noch einen wichtigen Punkt: Wer seine Träume ganz leben will, der darf auf keinen Fall eine Opferhaltung einnehmen. Leider hat die Kirche zu einer solchen Mentalität beigetragen. Einer Haltung, die ausdrückt: Ich bringe Opfer für den anderen, opfere es dem lieben Gott auf oder den Menschen. So als bräuchten die anderen meinen Opfertod, damit ich sie aus dem Dreck hole, die Gefangenen aus dem Gefängnis oder die Kinder von der Straße rette. Sobald du anfängst, dich mit dem Satz »Ich opfere mich auf« zu identifizieren, kannst du dich vielleicht noch als Held fühlen. Aber das gibt dir keine Kraft. Die einzige Möglichkeit, die mir einfällt, wie man aus einer Opferrolle Kraft ziehen kann, ist, auf eine spätere Entschädigung zu spekulieren. Darauf zu warten, dass man als Opfer berühmt wird oder verehrt oder was weiß ich, also eine Art Märtyrer zu werden. Aber bei allem Märtyrertum bin ich sehr vorsichtig, ich frage mich, was da in Wirklichkeit im Psychischen und im Spirituellen passiert. Ihr braucht unbedingt die innere Sauberkeit, die Redlichkeit euch selbst gegenüber. Fragt euch aufrichtig: »Warum mache ich das?«

Ich kann jetzt nur aus meiner Erfahrung sprechen und von dem berichten, was ich beobachtet habe, weil ich mich für die Menschen einsetze – von mir aus auch zwanzig Stunden am Tag, wenn *ich* das will. Dann ist das mein Lebensprojekt, dann ist das in erster Linie das, von dem ich weiß: Dafür bin ich geschaffen. Und geschaffen bin ich dafür, wenn ich denke: »Das ist meine Berufung, meine Sendung im Leben, meine persönliche Verwirklichung.« Wenn ich mich zweckentfremden lasse, wenn diese zwanzig Stunden nicht meine Berufung sind und ich mich von den anderen und ihren Ansprüchen auffressen lasse, wo bleibe ich dann? Wenn ich ein Opfer bin für die anderen, wo bleibe ich dann?

Es ist sehr wichtig, dass ich aus Freiheit handele, dass ich mich in Freiheit dazu entscheide, etwas zu tun. Aber es ist ebenso wichtig, dass ich dabei immer mit mir in Kontakt bleibe, indem ich auf mein Herz höre. Sonst gibt es zu viele Gefahren. Zum Beispiel, dass mein Tun zwanghaft wird und ich es immer tun muss. Ich werde ängstlich oder skrupulös, weil ich etwas übersehen habe oder jemanden nicht gegrüßt habe. In all unserem Menschsein ist es wichtig, bei sich zu sein und vor allem ein

Feingefühl für Zwänge zu haben. Wenn ich feststelle, dass ich es muss, sollte ich mich fragen: »Warum muss ich es denn?« Wenn ich aber feststelle: Ich will es, dann muss ich nicht, dann will ich es ja. Dann werde ich es so weit tun, wie ich kann oder will.

Zu der inneren Entscheidung, dass ich mein Leben in Freiheit einsetzen will, gehört, dass ich um meine Kräfte weiß. Das meint zum Beispiel zu wissen, dass ich acht Stunden Schlaf brauche. Ich brauche sie wirklich, weil meine körperliche Bedingtheit so ist. Maruja hat immer ihren Schlaf gebraucht. Sie konnte sich für alle aufopfern, sich für alle einsetzen, das letzte Hemd ausziehen, wenn es darum ging. Sie hat nie einen Burnout gehabt. Aber bei allem Einsatz konnte sie sagen: »Jetzt brauche ich meinen Schlaf.« Spätestens von 11 Uhr bis 7 Uhr morgens schlief sie. Punkt. Maruja konnte auch sagen: »Ich brauche eine Auszeit, vierzehn Tage Urlaub. Ich muss ausspannen.« Ich habe ihr immer geantwortet: »Wenn du das brauchst, dann machst du das.« Dann wiederum hatte sie die Kräfte, sich ganz einzusetzen ohne den Menschen vorwerfen zu müssen: »Ich opfere mich auf, ich tue so viel für euch.« Maruja konnte ihre Grenzen auch bei anderen Gelegenheiten klar benennen. Zum Beispiel, als 1977 Männer, die im Kindergarten arbeiteten, festgenommen wurden.

Damals standen Maruja und ich vor der Polizeistation, in der die Männer festgehalten und verhört wurden. Ich hatte versucht, den Bischof zu erreichen, und tatsächlich konnte ich ihn damals noch von der Tankstelle aus anrufen. So hatten wir immer noch die Hoffnung, dass sie die Väter der Kindergartenkinder wieder freigeben würden, nachdem der Bischof mit ihnen geredet hatte. Während wir warteten, hatten wir aber die Polizeistunde übertreten. So hatten wir nur die Wahl, nachts draußen vor der Polizeiwache zu bleiben, was verboten war, oder nach Hause zu gehen, was nach der Sperrstunde auch verboten war. Ich habe zu den Polizisten gesagt: »Wenn wir jetzt nach Hause gehen, dann werdet ihr uns verfolgen.« Das sei unser Risiko, antworteten sie, schließlich seien wir es, die die Sperrstunde nicht einhielten.

Wir haben uns dann entschlossen zu gehen, zweieinhalb Kilometer quer durch die Siedlung. Und tatsächlich haben sie uns verfolgt. Irgendwann holten uns zivil gekleidete Polizisten mit Waffen ein. Wir sind losgerannt, haben uns in einem der Häuser von Bekannten kurze Zeit aufnehmen lassen, mit der Schusswaffe auf dem Rücken. Maruja ist fast verrückt geworden vor Angst. Am nächsten Morgen hat sie gesagt, dass sie nicht mehr könne. Sie könne nicht mehr hier in der Siedlung bleiben. Dann habe ich den Bischof gefragt, ob wir bei ihm einziehen könnten. Er hat uns gerne für eine Zeit lang aufgenommen.

Ich erzähle das hier nicht nur, weil Maruja einschätzen konnte, bis wohin ihre Kräfte reichen, sondern auch, weil jede Gemeinschaft wie jeder Mensch eigene, individuelle Grenzen hat, die er nicht übergehen darf. Ich weiß, dass wir durch meine Gegenwart ein wenig mehr Kraft hatten. Ich konnte ihr eine Stütze sein, weil meine Kräfte etwas weiter reichten. Ich konnte ihr Kraft geben, um durchzuhalten und nicht auszuflippen oder hysterisch zu werden. Aber mir wurde auch klar, dass ich Marujas Grenzen akzeptieren muss. Auch wenn ich selbst in der Siedlung hätte bleiben können, weil ich keine Angst hatte, war bei Maruja die Grenze dessen, was sie an Angst aushalten konnte, erreicht. Und ich bin ja nicht alleine, wir sind eine Gemeinschaft. In diesem Fall musste ich mich unterordnen. Es ist eben auch meine Aufgabe, dass wir uns gegenseitig unterstützen.

In seiner Kraft zu bleiben, das hat viel mit *Awareness*, dem heute in Deutschland so inflationär gebrauchten Wort »Achtsamkeit«, zu tun. Was ich nie gedacht hätte ist, dass man durch

Meditation – ich sage Gebet – bzw. das Einüben von Meditation auch auf seine inneren Kräfte aufmerksam wird, auf die Quelle seiner Kraft in sich selbst.

Als ich 1973 aus Chile ausgewiesen wurde und noch einmal ein paar Monate in Deutschland sein konnte, durfte ich an einem Zen-Seminar mit dem berühmten Jesuitenpater Hugo Makibi Enomiya-Lassalle teilnehmen. Es war mein erstes Zusammentreffen mit dem Buddhismus. Die Begegnung mit diesem bedeutenden Vorreiter des Dialoges zwischen Christen und Buddhisten hat mich sehr geprägt. Hier wurde mir klar, wie viel mehr und tiefer ich auf meine inneren Kräfte achten und mich auch auf sie verlassen kann. Es ist natürlich ein langsamer Prozess, die Aufmerksamkeit immer wieder auf sich zurückzulenken, gerade, wenn man einen Durchhänger hat. Dann, wenn die Kräfte nachlassen, aber meine Erfahrung ist: Es ist ganz wichtig, da hineinzugehen. Wenn ich müde bin und Schlaf brauche, dann ist es sehr wichtig, dass ich schlafe. Nur, wenn es darum geht, ein Menschenleben zu retten, und nur, wenn es um eine innere Verpflichtung, das Gefühl geht: Ich muss jetzt da sein, würde ich die totale Müdigkeit überschreiten. Aber dann ist es ja auch selbstverständlich, dass man das tut: Wenn man zu einem Menschen gerufen wird, der einen jetzt braucht, oder es klopft jemand an die Tür, der einen Stich im Bauch hat und blutet. Das ist wahrscheinlich bei allen Menschen so. Vielleicht ist es das Adrenalin, das dann ausgeschüttet wird, dass man weiß: Man ist ganz da. Dann sind alle Kräfte da. Natürlich auch, wenn ein Mensch vor dem Selbstmord steht. Wenn er den Revolver in der Hand hält, dann bin ich ganz wach.

Natürlich gab es auch Situationen, die schmerzlich waren, wo es Mühe kostete, die Müdigkeit zu überwinden. Einmal hatten wir Einkehrtage mit der Gemeinde. Ich hatte die letzten drei Tage kaum geschlafen und war so müde, dass die Müdigkeit schon geschmerzt hatte. Bei der Busfahrt hätte ich mich am liebsten unter die Sitze gelegt, so müde war ich. Doch ich wusste, ich muss jetzt auf Schlaf verzichten, denn ich wollte doch mit den Menschen zusammen sein. So war ich auf der Busfahrt nicht besonders munter, aber als wir ankamen, war die Müdigkeit wie weggeblasen. Es wurde eine unvergessliche Begegnung mit allen, die dabei waren. Die Freude, die mit uns und unter uns war, hat alles überstrahlt.

Aus meiner Erfahrung in all den Jahren kann ich sagen, dass sich die Kraft zum Durchhalten einüben lässt. Fast so, als wäre diese Durchhaltekraft ein Muskel, den ich trainieren kann. Ich darf ihm nie so viel abverlangen, dass ich zusammenbreche. Aber ich darf ihm viel zutrauen. Viel mehr, als wir Menschen uns gemeinhin zutrauen.

Wichtig ist dabei nur, dass ich das, was ich tue, auch gerne mache. Nicht unter Druck, nicht aus irgendeiner Pflicht heraus. Nicht, um irgendwelche Verdienste anzuhäufen, sondern weil es mir wirklich Freude macht.

Wenn sich jemand zum Beispiel überlegt hat, bei den Obdachlosen eine Nacht zu verbringen, um am eigenen Leib zu erfahren, wie sie leben, dann ist das eine wunderbare Idee. Aber nur, wenn sie aus freien Stücken kommt, und nur, wenn auch die Menschen, bei denen ich bleibe, spüren, dass ich das gerne mache. Das verändert die Situation in jeder Hinsicht: Es verändert die Situation der Menschen untereinander, wenn sie spüren, da kommt jemand, der freut sich darüber, mit uns zusammen zu sein! Das verändert aber auch die Situation mir selbst gegenüber, denn gerade das ist das Geheimnis: Wenn ich etwas aus Pflicht tue, ist es ein Verdienst. Wenn ich es gegen Geld tue, ist es eine Dienstleistung. Wenn ich es gezwungenermaßen tue, ist es schon sehr schwer, dann wird es zu einem Unglück, zu einem Opfer. Aber wenn ich etwas wirklich will, dann ändert sich die Wahrnehmung.

Nehmt ein banales Beispiel: Wenn ihr mit jemandem zusammen in einem Raum schlaft, der schnarcht, kann das ganz gewaltig stören. Wenn aber jemand sagt, er wolle unter denselben Bedingungen schlafen wie die obdachlosen Männer, die für eine Nacht bei uns Zuflucht suchen, dann ist in dieser Entscheidung alles Mögliche enthalten: ein unkomfortables Bett, eine Sammelunterkunft, schlechte Gerüche und möglicherweise auch Schnarchen. In einem solchen Fall gehört das Schnarchen zu meiner bewussten Entscheidung mit dazu, sie ist selbstbestimmt. Ich war ja frei, mich zu dieser Form der solidarischen Übernachtung zu entscheiden. Das Schnarchen stört mich dann viel weniger. Ich schlafe viel besser.

Außerdem spüren die Menschen diese Haltung, die Freiheit in der Entscheidung, bei ihnen zu sein. Dadurch wird ihre Situation aufgewertet: Unsere Lebensbedingungen sind nicht so schlecht, dass sie keiner freiwillig mit uns teilen würde. Wir sind nicht schlecht. Es ist ein Geheimnis in dieser Haltung verborgen, das die Menschen sehr genau wahrnehmen und das den Kontakt zu ihnen von Grund auf verändert. Ihr Leben bekommt eine andere Würde.

Ich will noch ein ganz anderes Beispiel anfügen: Als der Bischof von Cochabamba bei uns im Haus im Armenviertel, im Zimmerchen von Teresa übernachtete, haben die Menschen hier gestaunt und sich gefreut. Sie spürten: Wir sind Menschen, bei denen ein Bischof sein kann. Wir leben in Umständen, unter denen sogar ein Erzbischof schlafen kann!

Wichtig ist also zu tun, was zu tun ist. Mit vollem Einsatz. Aus ganzer Freiheit und nachdem ich mich mit meiner ganzen Freiheit dazu entschieden habe, etwas zu tun, was mir selbst Freude macht. Und bei dem, was man tut, immer auch in einem guten Kontakt mit sich selbst zu sein. Das sind alles wesentliche Voraussetzungen, damit aus eurer Arbeit ein »ganzes Opfer«

wird. Ihr wisst, ich vermeide das Wort Opfer und spreche lieber von Einsatz oder Hingabe, aber um in dem Bild der alten Volksweisheit zu bleiben: Dann wird euer ganzes Opfer brennen. Es wird nicht nur Nebel und Rauch produzieren, sondern reiche Frucht tragen. Nicht nur für die anderen, sondern auch für euch selbst. Wer so lebt, der brennt, aber er brennt niemals aus.

Wie sollte das Ausbrennen auch gehen? Das Bild vom Burnout suggeriert, dass die Kraft zu Ende gehen kann. Es stimmt: Die Kraft, die ihr zur Verfügung habt, kann vorübergehend erschöpft sein. Aber die Kraft, mit der wir leben, die uns wie die Luft zum Atmen umgibt und in unseren Träumen lebt, ist immer da. Sie umgibt mich. Ich ziehe sie nur in mich hinein, bündele sie und hole sie in mein Inneres. Ich spüre einfach diese Energie und nicht nur meine eigene. Andere geben dieser Kraft andere Namen, aber ich nenne diese Energie Gott. Der »Gott-mit-uns«, wie Moses ihn erfahren hat, ist ein Gott, der da ist. Er ist die Energie, die da ist; die Energie, die uns umgibt. Er ist der Gott, der mit uns lebt; die Energie, in der wir leben. Das göttliche Leben, das uns umgibt und das in uns ist, das uns durchfließt und auch miteinander verbindet. Das ist wunderbar!

Nachmittags: Wer seine Träume ernst nimmt, verändert sich

Mein Traum ließ mich meine inneren Hindernisse wie Häute abstreifen

Wenn ich weiter oben vom Säen und Ernten gesprochen habe, dann bekommt man vielleicht den Eindruck, dass es beim Säen, beim Festhalten und Ernstnehmen der Träume vor allem um die anderen geht, darum, sie in den Blick zu nehmen. Dem ist nicht so. Das ist ein weit verbreiteter Irrtum, an dem die Lehre der Kirche nicht unschuldig ist. Viel zu lange hat sie vor allem die Nächstenliebe betont, das Sich-Aufgeben für andere.

Doch Jesus hat gesagt: Liebe deinen Nächsten wie dich selbst und wie Gott euch geliebt hat. Wenn ich in Deutschland bin, dann spüre ich immer, wie viel Schaden diese Lehre vor allem in den älteren Generationen angerichtet hat. Aber Träume verwirklichen sich nur, wenn es allen dabei gut geht. Schaut, wie glücklich es *mich* gemacht hat und noch jeden Tag macht, meine Träume zu leben. Das wird euch auch so gehen, denn die Träume, die wir für die Welt träumen und leben, arbeiten immer auch an uns. Sie lassen uns wachsen. Und ich glaube nicht, dass das nur für mich gilt, denn ich musste wachsen, damit ich meine Träume wirklich realisieren konnte. Ich musste lernen, meine Schwächen und falschen Vorstellungen zu überwinden, die ich, wie alle Menschen, natürlich auch habe.

In meinem Buch »Das Geheimnis ist immer die Liebe« habe ich erzählt, wie dieses Wachsen seinen Anfang nahm, wie meine inneren Hindernisse wie Häute von mir abfielen. Dabei gab es ein zentrales Erlebnis. Und weil es für mein Werden so wichtig war, will ich es hier noch einmal erzählen. Nicht von ungefähr habe ich immer gesagt, dass an diesem einen Abend meine Fassade zusammengebrochen ist. Zugetragen hat sich die Geschichte damals so:

Schon nach kurzer Zeit hatte ich in den Armenvierteln Pater Luis Chiotti kennengelernt. Pater Luis war Franzose, stammte aus Lyon und war ein Arbeiterpriester. In Santiago verdiente er seinen Lohn, indem er Ampeln baute und von dem Verdienst wohnte er in seinem zugigen Hüttchen. Er war ein Macho. Ich hatte schon einiges über ihn gehört, als er eines Tages vor mir stand und sagte: »Das taugt alles nichts, was du da machst, Schwesterle.« Ich bin nicht auf den Mund gefallen und konterte: »Was machst du denn Großes, das etwas taugt, Brüderchen?« Er ließ sich nicht beeindrucken oder es sich zumindest nicht anmerken. »Du kannst ja kommen und schauen«, lud er mich zu einer seiner Versammlungen ein. Natürlich ging ich hin. »Versammlung« ist ein großes Wort für das, was ich vorfand. In einem Hüttchen saßen auf windschiefen Kisten ca. zehn Menschen. Alle hatten eine einfache Ausgabe des Neuen Testamentes in der Hand. Ein Text – das Gleichnis des Sämanns war es an diesem Abend – wurde zweimal gelesen. Zweimal, weil die Menschen des Lesens und Schreibens nur wenig mächtig waren und alle die Gelegenheit bekommen sollten, sich den Text selbst anzueignen. Erst später habe ich bemerkt, dass neben allem anderen die Versammlungen in Wirklichkeit auch noch Alphabetisierungskurse waren. So viele Menschen haben durch Zuhören und Mitverfolgen erst Buchstabieren und dann Lesen gelernt!

Was fiel mir nicht alles zum Sämann ein! So viel hatte man uns an Exegese dazu gelehrt. Aber Luis Chiotti hatte mir zur Bedingung gemacht, dass ich so lange dabei sein dürfe, wie mir kein Wort über die Lippen käme. So saß ich also still und stumm unter den Menschen und hörte zu, was sich als großes

Glück herausstellte. Denn was die Menschen hier taten, hatte ich noch nie erlebt. Sie wandten die Bilder des Evangeliums direkt und konkret auf sich und ihr Leben an. Sie überlegten, wann sie selbst die Saat im Dornengestrüpp verdorren ließen, zum Beispiel, wenn sie sich zwar vornahmen, nicht mehr über die Nachbarin zu klatschen, ihnen aber schon auf dem Nachhauseweg von der Versammlung wieder böse Worte über die Lippen kamen. Oder wenn die Männer ihren Lohn nach Hause tragen wollten und ihn schon auf dem Weg dorthin in Alkohol umsetzten. Die Menschen waren streng und aufrichtig mit sich. So hatte ich das noch nie gesehen. Und mir war, als öffneten sie mir die Augen, wie das Wort Jesu wirklich lebendig werden konnte. Mir fiel alles ein, was ich mit mir selbst an Eitelkeiten und Neid herumtrug, wenn beispielsweise andere etwas konnten, was ich auch können wollte. Oder an Ängsten, nicht zu genügen. Unter uns Schwestern gab es keine Kultur, in der wir uns so, in dieser Aufrichtigkeit und Offenheit, über uns selbst und unseren Schatten hätten unterhalten können. Auf einmal begriff ich, welcher Schatz in all den Geschichten und Bildern des Evangeliums steckte, angefangen von der Perle im Acker, dem Haus auf Sand oder Fels gebaut, dem verlorenen Sohn, dem barmherzigen Samariter bis hin zum Feigenbaum ohne Früchte und all den anderen Geschichten. Da saß ich und erkannte: Ich war gekommen, um den Menschen von Gott zu erzählen. Aber es war genau anders herum: Ich war diejenige, die lernte, ein konkretes Leben mit Gott zu führen.

So war ich es, die dadurch, dass ich meinen Traum gefunden hatte und ihn leben konnte, am meisten profitierte und mich so zum Positiven veränderte. Aber dieselben Veränderungen konnte ich auch bei vielen anderen beobachten, die den Spuren ihrer Träume folgten. Zum Beispiel bei **Magaly.**

Die Geschichte von Magaly ist kurios, denn sie hat einen weiten Umweg genommen. Zehntausende Kilometer um genau zu sein: einmal über den Atlantik und wieder zurück. Oben habe ich gerade aus meinem Buch »Das Geheimnis ist immer die Liebe« zitiert. Dieses Buch ist ein paar Jahre nach seinem Erscheinen in Deutschland auf Spanisch übersetzt worden. Endlich konnten es die Menschen hier auch lesen. Ich hatte es viele Jahre abgelehnt, ein Buch zu schreiben. Meine ganze Zeit sollte den Menschen hier gehören. Wenn ich aber doch einwilligte, es zu tun, dann sollten es auch die Menschen hier lesen können. Ich wusste immer, dass das wichtig für sie sein würde. Schon deshalb, weil ich ihnen immer nur einen Teil erzählen konnte, weil sie selbst ja Teil der Geschichte waren. Genau deshalb wäre es wichtig, sich in einem Buch wiederzufinden.

Es ist für jeden schwer, Teil von etwas zu sein und gleichzeitig die Fähigkeit zu bewahren, sich zu distanzieren. Ab und an das Geschehen von außen zu betrachten. So, als ob ein Betrachter den Film anschaut, in dem er zugleich als Hauptperson mitspielt. Aber für die Menschen hier, die so sehr an den Rand und in den Schatten des Lebens gedrängt werden, die immer nur erfahren, dass sie unerwünscht, ja eigentlich überflüssig sind, für sie wäre die Tatsache, dass ihre Geschichten es wert sind, aufgeschrieben zu werden, schon eine Offenbarung. Und doch hatten gerade sie keine Möglichkeit, die ganze Geschichte von Anfang an und am Stück in Ruhe zu erfahren. Dazu gibt es bei so viel Arbeit und so vielen Aufgaben, die das Leben uns in den Armenvierteln stellt, weder Gelegenheit noch Zeit. Ich hoffte, das Buch könnte ein Segen für die Menschen sein. Wie konkret dieser Segen wirksam werden würde, hätte ich nicht mal in meinen kühnsten Träumen zu hoffen gewagt.

Magaly kenne ich schon sehr lange. Vor fünfunddreißig Jahren hat sie ihre Kinder zu uns in den Kindergarten *Naciente* gebracht. Heute bringt sie morgens ihre Enkelinnen und holt sie nachmittags ab. In jungen Jahren war Magaly eigensinnig, später schloss sie sich unserer christlichen Basisgemeinde an und half in der Behindertentagesstätte. Von Beginn an hat Magaly immer Anschluss bei meiner Mitschwester Maruja und mir gesucht. Manchmal hat sie in der Gemeinde mitgearbeitet, oft waren ihre Hände zur Hilfe bereit. Sie war froh und glücklich zu sehen, dass ihre Kinder eine Chance auf Bildung bekamen. Und natürlich wollte sie dann, dass ihre Enkelinnen dieselben Chancen bekommen. So weit, so gut. Für sich selbst hatte Magaly jedoch nie an ein anderes Leben gedacht. Ihren eigenen Lebensweg nahm sie so hin, wie sie ihn vorfand. So, wie sie hineingeboren wurde.

Umso größer war meine Überraschung, als sie mich eines Tages am Gatter des Gesundheitszentrums erwischte. Ich saß im Auto, hatte das Fenster von unserem Jeep heruntergekurbelt, war fast schon unterwegs in mein Büro, da steckte Magaly plötzlich fröhlich ihren Kopf durch das offene Autofenster. »Ja, Magaly! Was machst du denn hier?« »Tja, Madre, darauf kommst du nicht!« Magaly strahlte wie ein Honigkuchenpferd über das ganze Gesicht. »Nun spann mich nicht so auf die Folter!«, bat ich sie. »Tatata! Ich komme jetzt öfter hierher. Genau genommen jeden Tag. Madre, weißt du was? Ich habe mich gerade eingeschrieben. Ich werde die Ausbildung zur Altenpflege bei euch machen. Ich lerne einen Beruf. Ich werde arbeiten! Und das auf meine alten Tage.«

Das waren ja Neuigkeiten! Ich stellte den laufenden Motor ab und stieg aus dem Auto. Ich wollte Magaly in die Augen schauen können, wenn sie erzählte. »Magaly, ich bin baff. Erzähl mir die ganze Geschichte. Wie kommst du da drauf?« Statt zu antworten, verdrehte Magaly erst einmal lustvoll die

Augen. »Ich war *stupido*. So dumm war ich, Madre. Ich war wie der Mann in der Geschichte mit der Überschwemmung, weißt du?« Nein, wusste ich nicht. Deswegen machte ich nur eine kurze verneinende Bewegung mit dem Kopf, auf keinen Fall wollte ich Magaly in ihrem Redefluss stören. Hier war etwas Besonderes geschehen. Alles strahlte aus und um Magaly. Es war einer jener magischen Momente, die sich ereignen, wenn Menschen Zugang zu sich, ihrem Potenzial und ihren Träumen finden. Dann ist alles möglich. »Ach, erinnere dich, weißt du, die Geschichte mit dem Mann, der sich nicht retten lassen will, weil er immer sagt: Gott wird mir helfen.«

Die Geschichte handelt von einem Mann, dessen Haus von Hochwasser bedroht war. Da kam ein Lastwagen vor seinem Haus vorbei und die Menschen sagen zu ihm: »Komm, bei uns ist noch Platz. Pack ein, was dir wichtig ist, und dann steig schnell zu uns ins Auto.«

Aber der Mann dankte für das Angebot und sagte: »Ich freue mich, dass ihr an mich denkt. Aber ich glaube an Gott. Er wird mich retten, dessen bin ich gewiss.« Die anderen versuchten es noch eine kurze Weile, dann stieg das Wasser und sie gaben es auf, um sich selbst vor den Fluten in Sicherheit zu bringen, solange die Straßen noch befahrbar waren. Das Wasser stieg und stieg und der Mann gab das Erdgeschoss auf, floh auf seinen Balkon. Plötzlich schwamm ein Boot unter dem Balkon vorbei. Und die Menschen im Boot sagten zu ihm: »Schnell, steig ein, wir haben noch einen Platz für dich. Noch ist es nicht zu spät.« Aber der Mann dankte auch für dieses Angebot und lehnte ab: »Es ist sehr freundlich von euch, mir einen Platz anzubieten. Aber ich brauche ihn nicht. Ich glaube an Gott. Er wird mich retten.« Eine Weile noch versuchten die Menschen im Boot, den Mann zum Einsteigen zu bewegen. Aber dieser blieb stur. So fuhren sie kopfschüttelnd davon. Als das Wasser weiter stieg, rissen die Fluten alles mit sich. Mit großer

Anstrengung schaffte der Mann es auf das Dach seines Hauses. Um ihn herum wogten die Fluten immer höher. Es regnete und stürmte und das Ende der Flut war nicht abzusehen. Da erschien plötzlich am Horizont ein Armeehelikopter. Das Knattern seiner Rotorblätter kam immer näher und durch einen Lautsprecher hörte der Mann die Aufforderung: »Wir lassen eine Strickleiter hinunter. Haben Sie keine Angst! Ein Mann aus unserer Crew wird zu Ihnen klettern und Sie sichern.« Aber als sich der Helfer aus dem Hubschrauber abgeseilt hatte und im Sturm über dem Dach schaukelte, dem Mann rettend seine Hand entgegenstreckte, verschränkte dieser die Arme vor der Brust und schrie in den Aufruhr von Sturm, Regen und dem Lärm der Rotorblätter zurück: »Vielen Dank. Aber ich brauche eure Hilfe nicht. Ich glaube an Gott. Gott hat zugesagt, uns zu retten. Ich bleibe hier.« Der Retter konnte es kaum fassen. Er versuchte es noch ein paar Momente, dann verlangte sein Pilot, er solle nach oben klettern, weil sie nach anderen Überlebenden suchen mussten. Der Hubschrauber drehte ab und überließ den Mann seinem Schicksal. Das nahm seinen Lauf und nicht lange danach ertrank der Mann in den Fluten.

So gelangte er vor Gott. Als er vor ihm stand, verlangte er Auskunft: »Du hast immer gesagt, du würdest uns retten. Aber warum bist du dann nicht zu mir gekommen, als ich dich am Nötigsten gebraucht habe?« Gott sah ihn an und sprach: »Dreimal bin ich gekommen, um dich zu retten. Dreimal hast du meine Hand ausgeschlagen.«

Atemlos hatte Magaly die ganze, lange Geschichte erzählt. Natürlich hatte ich mich währenddessen erinnert, wie wir sie an einem Wochenende in der Gemeinde erzählt hatten. Aber ich wusste immer noch nicht, worauf Magaly hinaus wollte, was sie so leuchten ließ und was sie mir eigentlich mitteilen wollte. »Madre Karolina, als ich dein Buch gelesen habe, da fiel mir die Geschichte von diesem Mann ein. Und auf einmal habe ich gedacht: Ich bin wie dieser Mann. So lange schon kenne ich euch. Ich komme mit meinen Kindern, damals wie heute zu Maruja und dir ins Haus. Ich darf immer bei euch sein. Und nie ist mir eingefallen, dass damit Gott zu mir gekommen ist. Dass all die vielen Möglichkeiten, die es heute hier gibt, auch für mich da sein könnten. Dass es Gottes Hinweise für mich, für mein Leben sein könnten. Aber als ich dein Buch las, da fiel es mir wie Schuppen von den Augen. Gott könnte auch zu mir sprechen, könnte auch mich und mein Leben meinen und mir eine Chance geben. Plötzlich habe ich mich gefragt: Warum hast du eigentlich nie daran gedacht, selbst einen Beruf zu lernen? Die Berufsschulen stehen ja allen offen!«

Magaly hatte recht, unsere Berufsschulen sind nicht nur für die Jugendlichen da. Im Gegenteil, der chilenische Staat bemüht sich in den letzten Jahren sehr, auch ältere Menschen noch einmal zu einer Ausbildung zu bewegen. »50 plus« nennt der Staat das Programm. Deswegen können wir auch Menschen wie Magaly ausbilden. »Tja – und jetzt habe ich mich in den Kurs für Altenpflegehelferin eingeschrieben. Was sagst du dazu?« Lachend gratulierte ich Magaly zu ihrem Entschluss. So wie sie da vor mir stand, konnte ich ihr aus ganzem Herzen sagen: »Das ist eine wunderbare Idee, Magaly. Mach dir bloß keine Sorgen, dass du den Kurs nicht bestehen könntest. Vielleicht wird es hier und da mal schwer, aber du schaffst das!«

In meinem Herzen hüpfte die Freude über Magalys Entschluss noch die ganze Autofahrt, bis ich in meinem Büro angekommen war. Und noch etwas bewegte mein Herz überaus verwundert: Zum ersten Mal verstand ich wirklich, worin der Segen eines Buches liegen kann. Sicher. Ich liebte Bücher, seitdem ich lesen konnte. Wie allen Lesern überall auf der Welt hatten sie mir Welten geöffnet, die ich ohne sie nie hätte betreten können. Und doch hatte ich zwanzig Jahre lang gezögert, selbst eines zu schreiben. Der Geschichte unseres gemeinsamen Abenteuers der Liebe, das die Menschen in den Armenvierteln zusammen mit uns unternahmen und das sich in immer neuen Kapiteln fortschrieb, so viel Zeit abzuzwacken, um sie in ein Buch aufzuschreiben. Immer hatte ich den Verdacht gehegt, dass jede Stunde, die das Buch in Anspruch nehmen würde, damit Leser in Europa von unserem Leben hier erfahren, verlorene Zeit für die Menschen hier sein würde. Und für sie, für die Menschen hier in den Armenvierteln, wollte ich doch da sein können. Ihnen wollte ich mit all meiner Kraft dienen, ihnen sollte meine ganze Aufmerksamkeit und Fürsorge gelten. Die Menschen in Europa konnten sich auch andere Hilfe suchen. Sie sind nicht unbedingt Teil meiner Berufung.

Dann war ich auf dem Kirchentag 2005 in Hannover zu einem Podiumsgespräch eingeladen, das international besetzt war: Der Franziskanermönch Richard Rohr gehörte zu dieser Runde, Frère Alois aus Taizé, der ehemalige Domkapitular von Coventry und Leiter von Amnesty International in England, Paul Oestreicher, und einige andere. Unser gemeinsames Thema war: »Beherzt handeln – zwischen Macht und Demut«. In ganz unterschiedlichen Ecken der Welt hatten wir die Liebe gelebt und trugen auf diesem Podium unsere Erfahrungen zusammen. Wir tauschten uns darüber aus, was es heißt, verantwortungsvoll mit der Macht umzugehen, die andere Menschen einem über ihr Leben anvertrauen, was wir jeweils aus unserem Verständnis von Gott, der Liebe und den Menschen an den Orten, an die Gott uns gestellt hat, mit den Gaben, die jeder von uns von Gott bekommen hat, lernten und weitergeben wollten. Und: wie zentral dabei immer das Element der Demut ist, wie wichtig es ist, dass wir, wenn wir wahrhaftig lieben wollen, immer dienend bleiben. Nur wenn wir uns – manchmal bildlich, manchmal wörtlich gesprochen – niederbücken, wird die Liebe, die wir zu geben haben, absichtslos bleiben. Und nur absichtslose Liebe lässt die Menschen frei.

In meinem Fall hat es viele Jahre gedauert, bis die Menschen in den Armenvierteln bereit waren, ihr Misstrauen uns gegenüber abzulegen. Kirche hatte für sie immer Kirche der Reichen bedeutet. Kirche waren immer die auf der anderen Seite der Stadt, die von den Hügeln. Dort, wo die Macht verwaltet und aufgeteilt wurde, unter Ausschluss der Armen. Dass wir es ernst meinten mit unserer »Option für die Armen«, dass wir wirklich Jesus nachfolgen wollten, indem wir unser Leben mit ihnen teilten und sie nicht belehren wollten über das richtige Leben, war etwas, dem sie erst nach langer Zeit trauen konnten. Aber als sie es taten, war es die Absichtslosigkeit unserer Liebe, die ihre Herzen berührte. So konnten sie anfangen, daran zu glauben, dass Gott alle Menschen liebt. Auch die, die in den finstersten Tälern geboren wurden. Es ist auch gerade die Absichtslosigkeit, die unserer Arbeit die Effektivität gibt, über die so viele Besucher staunen.

Das Podium fand in einer großen Halle statt, viele tausend Kirchentagsbesucher hatten sich hier eingefunden. »Halle der Spiritualität« hatten die Veranstalter sie genannt. Und warum auch immer: Nomen war in diesem Fall Omen, denn an diesem Tag wurde nicht nur über Spiritualität gesprochen, sondern sie ereignete sich. In dem aus dem Lateinischen kommenden Wort »Spiritualität« steckt heute das englische Wort »*Spirit*«, Geist. Und es war, als würden wir, die wir dort oben auf dem Podium saßen, zusammen mit den Tausenden Zuschauern im Raum in einen Geist getaucht, als öffneten sich unsere Herzen gleichzeitig und als verbänden sie sich, als verschmelzten sie zu einem großen, gemeinsamen Herzen, das fortan für die Dauer dieser Veranstaltung im gleichen Takt pulste und uns alle für einen Moment gewahr werden ließ, wie es doch eigentlich immer ist: Es gibt eine geheimnisvolle, den Sinnen entzogene Dimension, in der wir alle miteinander verbunden sind. So wie die Wassertropfen im Meer auch nur gemeinsam das Meer sein können, so können wir nur alle gemeinsam das Herz der Menschheitsfamilie bilden. Nur, wenn wir bis in die Tiefe dieser Dimension in unseren Herzen tauchen, ist es uns möglich, gemeinsam das Leid, die Not und die Ungerechtigkeit, die Einzelnen und meist den Schwächsten unter uns zustoßen, abzuwenden. Wo immer es aber geschieht, werden die Menschen dieselben Erfahrungen machen, von denen wir auf dem Podium berichten konnten: Das Leid wird nicht das letzte Wort haben. Die Liebe wird stärker sein. Immer.

Was auch immer da genau an diesem Nachmittag passierte, es hatte viele Auswirkungen. Eine davon war, dass eine Lektorin, die zum Vorbereitungskreis der Veranstaltung gehörte, mich fragte, ob eigentlich schon einmal mein Leben aufgeschrieben worden sei. Bevor ich mich versah, entschlüpfte mir die Antwort: »Das wollen sie schon seit über zwanzig Jahren von mir. Und immer habe ich Nein gesagt.« Und zu meiner allergrößten Verblüffung hörte ich mich sagen. »Aber jetzt sage ich Ja.« Damit war es ausgesprochen und ich gehöre nicht zu denen, die ihre Zusagen wieder zurücknehmen. Ich wunderte mich noch lange über das, was ich gesagt hatte. Ich zweifelte auch, ob es richtig war, Zeit für ein Buch aufzuwenden, wenn es vielleicht Menschen gab, die mich genau in dieser Zeit dringlicher brauchen würden. Wenn diese Zweifel mich überkamen, rief ich mich zur Ordnung, indem ich mich an diesen Moment der verblüfften Zusage erinnerte. Und ich vertraute darauf, dass sie von Gott kam, dass nicht ich allein diese Worte gesprochen hatte.

Als das Buch dann erschien, bewahrheitete sich schnell, dass es richtig gewesen war, diesem Moment zu trauen: Viele Menschen in Europa erzählten mir, dass es in einer bestimmten Zeit wichtig für sie wurde, ihnen Mut machte oder sie in ihrem eigenen Weg bestärkte. Es gab auch viele Menschen, die durch das

Buch von unserer Arbeit erfuhren und uns ihre Gaben und Talente zur Verfügung stellten. All das wäre schon Segen genug gewesen. Aber immer noch wünschte ich mir sehnlich, wenn es denn ein Buch geben sollte, dass es unseren Leuten in den Armenvierteln nicht vorenthalten, nicht verschlossen bleiben sollte, nicht ihnen!

Und so freute ich mich riesig, als sich eines Tages der spanische Verleger Jordi Nadal an mich wandte. Wie er das tat, ist eine eigene kleine Parenthese wert. Lasst mir die Zeit, diese Schleife ganz nach lateinamerikanischer Erzählkunst zu drehen. Schenkt euch das Vergnügen, euch diese Geschichte erzählen zu lassen, und anschließend will ich die unter euch sehen, die immer noch Zweifel hegen, dass der liebe Gott Humor hat!

Jordi Nadal hatte von meinem Buch erfahren, kurz nachdem es erschienen war. Es passte in seinen Augen ganz und gar in eine Reihe, »*plataforma editorial*«, die er in seinem Verlag in Barcelona herausgegeben hatte. Nachdem er mein Buch auf Deutsch gelesen hatte, wollte er es als weiteren Band in dieser Reihe veröffentlichen. Deshalb erkundigte er sich nach der Lizenz und darüber, wann ich in Europa war. Meine Reisepläne passten eine Weile nicht mit seinen überein. So ging einige Zeit ins Land, bis Jordi Nadal, entschlossen wie er war, sich sagte: Wenn ich Schwester Karoline nicht in Europa treffen kann, dann muss ich sie eben in Lateinamerika aufsuchen. Er buchte einen Flug und machte sich auf den Weg zu mir.

Was er nicht wissen konnte: Ich war gerade zu einem Besuch in Europa gewesen. Als ich für den Nachtflug das Flugzeug betrat, war ich sehr müde. Und ich wusste, dass ich unmittelbar nach meiner Landung am nächsten Morgen zu einer wichtigen Sitzung erwartet wurde. So hatte ich mir inständig gewünscht, dass mich niemand auf dem Flug erkennen würde und meine Nachbarn keinen dringenden Gesprächsbedarf hatten, wie es gerade bei diesen langen Reisen oft der Fall ist. Mein Wunsch wurde erhört. Ich saß sogar alleine in meiner Reihe und fiel in einen tiefen, erholsamen Schlaf. Aber als ich nach der Landung aufstand, um das Handgepäck aus der Ablage über mir zu nehmen, vernahm ich den lauten, ungläubigen Ausruf »Hermana Karolina?« vom anderen Ende des Flugzeuges. Hier holte Jordi Nadal gerade sein Gepäck aus der Hutablage. Dabei hatte er mich entdeckt. Mit meinem blauen Trägerrock aus glattem Trevira, den ich in dem immer gleichen Modell zusammen mit einer weißen Bluse trage, seit ich 1973 meine Ordenstracht abgelegt hatte, und dem metallenen, sieben bis acht Zentimeter großen Kreuz, das an einer langen Kette um meinen Hals baumelt, bin ich in der Tat leicht zu erkennen. Jetzt reckten auch viele Chilenen die Hälse und nachdem sie mich erspäht hatten, riefen sie: »*Si, si, eso es. Es la Hermana Karolina*!« Ja, bestätigten sie, ich sei es, Schwester Karoline. Halb staunend, halb lachend kam Jordi Nadal durch die Reihen auf mich zu und sagte: »Aber Sie suche ich doch überall, deswegen komme ich doch nach Chile!« Schnell verabredeten wir uns und am übernächsten Tag sahen wir uns wieder. Dabei erzählte mir Jordi Nadal von seinen Plänen, mein Buch »Das Geheimnis ist immer die Liebe« ins Spanische zu übersetzen. Und jetzt war es an mir, ungläubig staunend zu erzählen, wir sehr ich mir von Anfang an genau das gewünscht hatte. Nun ging dieser Wunsch in Erfüllung! Es ist der Großherzigkeit Jordi Nadals zu verdanken, der uns eintausendfünfhundert Exemplare für unsere Arbeit überließ, dass ich sie großzügig an die Menschen in unseren Siedlungen und an Besucher weiterverschenken konnte. Und dass Menschen wie Magaly »*El secreto siempre es el amor*« auch lesen konnten. Das Geheimnis ist eben wirklich immer die Liebe.

An dieser Stelle wäre die Geschichte dieses Buches, das es nun auf Deutsch und auf Spanisch gab, für mich rund und stimmig gewesen. Dass Gott mich mit Magaly und dem, was das Buch in ihr auslöste, dann noch einmal aufs Wunderbarste überraschte, ist für mich wie die Krönung dieser Geschichte. Eine Krönung, die die Frage, ob es richtig ist, so viel Zeit für ein Buch bereitzustellen und dadurch vielleicht an einer Stelle zu fehlen, an der mich unsere Leute hier dringlicher gebraucht hätten, ein für alle Mal beantwortet. Und zwar in jenen zehn Minuten, in denen Magaly mir erzählte, wie dieses Buch in seiner spanischen Variante ihr für ihr Leben zur Inspiration und Ermutigung wurde und es ihr Leben in den Armenvierteln zum Guten gewendet hatte. Wahrhaft glücklich machte mich diese Begebenheit in diesem Moment. Und sechs Monate später passierte es mir ein weiteres Mal.

Wie immer war ich zur feierlichen Entlassfeier in unsere Krankenpflegeschule eingeladen worden. Und wann immer ich es ermöglichen kann, nehme ich eine solche Einladung gerne an. So saß ich an einem warmen Vormittag in unserem schattigen Innenhof. Während rechter Hand von mir Krankenpflegeschüler in ihrem winzigen Klassenraum mit bodentiefen Fenstern brüteten und linker Hand eine neue Gruppe von etwa zwanzig Pflegeschülern ihre allerersten Unterweisungen in unseren Krankenhauszimmern mit Pflegebetten, in denen große und kleine Patientenpuppen auf die ersten Übungsschritte der Schüler warteten, erhielten, war auf eben jenem kleinen Platz eine kleine Bühne errichtet worden. Die Absolventen hatten sich, jeder auf seine Art und nach seinem Vermögen, schick gemacht. Manche hatten auch Angehörige mitgebracht. Am Rand wurden Stehtische aufgestellt, Gläser mit Sekt und Orangensaft und weiter hinten ein einfaches Büffet gerichtet. Mit liebevoller Sorgfalt gestalteten die Mitarbeiter den Vormittag, damit die Schüler den Augenblick der Zeugnisverleihung genießen konnten, die Leistung, die sie erbracht hatten, würdigen und die Veränderung, die sie für ihr Leben bedeuten würde, feiern konnten.

Dann war es so weit: Die Diplome wurden in einer kleinen Feier ausgehändigt. Wie es üblich ist, trat vorweg einer der Schüler vor seine Mitschüler und gab ein »*Testimonio*« – eine schwer zu übersetzende Einrichtung, die es auch an allen staatlichen Schulen gibt. Vielleicht kommt das deutsche Wort »Zeugnis ablegen« dem Geschehen einigermaßen nahe. Im Grunde geht es darum, dass an einem Beispiel, an einer Geschichte exemplarisch die Entwicklung, die alle miteinander gemacht haben, deutlich werden kann. Und es war ausgerechnet Magaly, die unsere Mitarbeiter für das »*Testimonio*« ausgesucht hatten. In einer Mischung aus plötzlicher Schüchternheit und geradezu fassbarem Stolz trat Magaly vor ihre Klasse und die anderen Gäste. Sie erzählte, was sie mir sechs Monate zuvor erzählt hatte, erzählte auch von ihren Kindern und Enkeln und wie sehr sie sich darauf freute, das anzuwenden, was sie gelernt hatte. Sie berichtete, dass sie schon eine Stelle gefunden hatte und fortan ihr eigenes Geld verdienen würde. Und dann schaute sie mich an, richtete das Wort direkt an mich: »Madre, wie schön, dass du heute unter uns bist. Als ich dein Buch las, fühlte ich plötzlich, dass es um meine Würde geht. Und dass sie vor mir liegt. Aber dass ich sie ergreifen muss, dass ich sie mir nur selbst geben kann. Dass jeder von uns sich die Würde nur selbst geben kann, die uns die Gesellschaft nicht geben will. Jetzt habe ich meine Würde bekommen«, schloss sie und reckte ihr Diplom in die Höhe. Warmer, von Herzen kommender Beifall setzte ein, während ich einmal mehr darüber staunte, wie Menschen sich entwickeln, wachsen und ihre eigenen Herzen ergründen, wie sehr Menschen sich ändern können, wenn man sie nur lässt und ihnen die nötigen Bedingungen dazu gibt.

Wo auch immer Magaly diese Worte in diesem Moment hernahm: So ist es. Darum geht es in unserer Arbeit. Wenn sie gelingt, ergreifen die Menschen ihre Würde. Sie selbst verleihen sie sich. Die Schüler und Schülerinnen klatschten für Magaly und für sich selbst. Und auch für ihre Zukunft, die anders, selbstbestimmter und zuversichtlicher vor ihnen lag. Eine Zukunft, der sie alle miteinander und jeder für sich entgegengewachsen waren.

Immer wieder habe ich Gelegenheit, dankbar zu staunen, zu welchem Wachstum Menschen fähig sind. So wie bei **Sonya,** die irgendwann vor mir stand, weil sie für ihre Kinder eine gute Betreuung brauchte und die heute einen unserer ältesten Kindergärten seit vielen Jahren leitet.

Unsere Träume erschließen uns neue Horizonte

Wenn ich Sonya heute aufsuchen will, dann muss ich nur in unseren Kindergarten mit dem poetisch klingenden Namen *Jesus sol naciente* gehen, was so viel heißt wie »Jesus, unsere aufgehende Sonne«. Rechter Hand, gleich hinter dem Eingangstor, liegt Sonyas Leiterinnenbüro, in dem sich immer das pralle Leben abspielt: Besprechungen mit Erzieherinnen oder Eltern, das Telefon, das klingelt, oder deutsche Freiwillige, die Rat oder Trost suchen. Sonyas Arbeitstage sind bunt und herausfordernd. Wenn ich sie heute dort besuche, muss ich manchmal an die Sonya denken, die 1973 vor mir stand. Natürlich war sie damals viel jünger. Sie lebte im Armenviertel, hatte keinerlei Ausbildung und keine Arbeit, aber sie wollte eine Betreuung für ihre Kinder. Es war März, als Sonya in meine Hütte kam. Wir wohnten in dieser Zeit noch in der Nähe des Kindergartens *Nurita* in der Nähe von *Areas Verdes*. Sie bat mich, dass wir ihr halfen, einen Kindergarten einzurichten. Drei Jahre zuvor hatte sie uns geholfen, den Kindergarten *Nurita* aufzubauen und auch als Katechetin gearbeitet. Damals hatte sie mit ihren Kindern bei ihrer Familie in unserer Siedlung, eben den *Areas Verdes*, gelebt, aber 1972 war sie mit anderen in die Landbesetzung der Siedlung *Angela Davis* gegangen. Sie war Mitbesetzerin dieser Siedlung und lebte in einer Holzhütte wie alle anderen Familien, achtzehn Quadratmeter groß. Sie sah dort viele Mütter, die nicht zur Arbeit gehen konnten, weil sie auf ihre Kinder aufpassen mussten. Sie hatte bei uns mit der Kindertagesstätte in den *Areas Verdes* die Erfahrung gemacht, dass es ein großer Vorteil sein kann, wenn man als Mutter die Kinder gehütet und erzogen weiß, während man selbst arbeiten und etwas zum Unterhalt der betreuenden Mütter beisteuern kann. Sie kam also und bat um Hilfe, um in ihrer Siedlung eine Kindertagesstätte nach diesem Modell aufzubauen. Ich habe damals Maruja gebeten, ihr beizustehen. Sonya hatte schon damit begonnen, in ihrer eigenen Hütte sechs bis acht Kinder aufzunehmen, als Maruja kam, um ihr zu helfen. Zusammen mit ihr und einigen Vorstehern der Siedlung baute Sonya eine weitere Holzhütte, sodass es dann bald achtzehn Kinder waren, die von Sonya und einer anderen Mutter betreut wurden. Sie kochte in ihrem eigenen Haus direkt nebenan. Hieraus entstand dann ein richtiger Kindergartenkomplex, denn immer mehr Mütter, die arbeiten gehen wollten, weil ihre Männer arbeitslos waren, kamen zu ihr und wollten ihre Kinder dort behütet sehen. 1974 waren es über 120 Kinder, in den nächsten Jahren wurden es immer mehr.

Bis 1975 leitete Sonya alles allein. Aber wir merkten, dass es notwendig war, dass sie nicht mehr im Kindergarten selbst wohnte. Sobald ein Platz in der Siedlung frei wurde, bekam sie ein neues Häuschen. Das war auch deshalb nötig geworden, weil der Kindergarten inzwischen eine solche Größe erreicht hatte, dass wir eine pädagogische Fachkraft für die Leitung brauchten. Maruja übernahm den wachsenden Kindergarten und stellte Mitarbeiterinnen ein, hauptsächlich Praktikantinnen von der Universität und eine staatliche Erzieherin. Sonya war eine Mutter, die einen Schulabschluss nach dem achten Schuljahr gemacht hatte. Eine Erzieherin ist dann doch etwas anderes. Mit so vielen Kindern war sie überfordert. Es war nicht leicht für sie, wie zuvor weiter ehrenamtlich mitzuarbeiten und dabei ihre Rolle zu finden. Sie half dann vor allem dabei mit, dass wir auch Babys aufnehmen konnten. Da sie gleich in der Nähe wohnte, konnte sie schon um sieben die Kleinsten in Empfang nehmen, wenn ihre Mütter arbeiten gehen mussten.

1976 schlossen wir einen Vertrag mit der katholischen Universität ab. So konnten wir ausschließlich Mütter und Väter aus der Siedlung zu Hilfskräften für die Erzieherinnen ausbilden. Wir erreichten sogar, dass die Kurse im Kindergarten selbst abgehalten wurden.

Das Wissen, das an der Universität über Kinder vermittelt wurde, bezog sich immer auf Kinder aus der Mittel- und Oberschicht. Die Methoden, das Material und auch die Sprache , die verwendet wurde, war nicht auf das psychologische Profil eines Kindes aus dem Armenviertel zugeschnitten. Niemand hatte eine Ahnung von den Bedürfnissen dieser Kinder, die zu Hause kein Wasser und keine Toiletten haben (wir selbst hatten im Kindergarten die ersten Jahre kein Wasser, auch wir mussten es am Hydranten holen). Es ging hier also erst einmal um so elementare Dinge wie Händewaschen oder das Abwischen der ewigen Rotznäschen, die die Kinder damals ständig hatten. Wir baten deshalb die Mütter und Väter, Eimer mit Wasser zum Kindergarten mitzubringen.

Sonya absolvierte schließlich einen dieser Universitätskurse, wobei die Universität wirklich eine sehr gute Arbeit geleistet hat. Mit großem Eifer betreute Sonya dann über viele Jahre die fünfjährigen Vorschulkinder. Das war nicht immer leicht für sie, denn im Verhältnis zu den Müttern der Kinder wurde sie immer älter und das führte zu Konflikten. Aber Sonya gab nie auf, und irgendwann im Lauf dieser vierzig Jahre entdeckte Maruja, dass Sonyas Wissen und ihre Erfahrung auf ein Maß angewachsen waren, dass sie sie zu ihrer Assistentin machen konnte. Und bis heute ist Sonya mit enormem Eifer die rechte Hand in der Leitung und Verwaltung des Kindergartens. Sie ist die rechte Hand von Maruja und gleichzeitig das Auge der Siedlung, denn sie lebt dort weiterhin. Heute hat sie schon große Enkeltöchter und betreut auch die Familien, die besondere Bedürfnisse haben. Wenn zum Beispiel eine zugezogene Familie mit drei Kindern auf neun Quadratmetern lebt und beim Hausbesuch entdeckt wird, dass für die Familie nur ein Bett da ist, dann hilft Sonya mit, dass es einen kleinen Anbau aus Brettern gibt, um noch ein Bett aufzustellen.

Sonya hat vom Leben immer weiter gelernt. Sie hat sich eingesetzt und sich fortgebildet und ist dabei über sich hinausgewachsen. Am deutlichsten ist das vielleicht damals geworden, als sie noch nicht Marujas Assistentin war. Beständig hatten die Konflikte zugenommen und Sonya entwickelte eine etwas schwierige Art, sie zu lösen. Auf unsere Hinweise, erst die zarten, dann die deutlichen, reagierte sie nicht, bis wir irgendwann nicht mehr anders konnten, als ein Gespräch mit ihr darüber zu führen, dass sie, wenn sich nichts änderte, den Kindergarten verlassen müsse.

»Du bist zu hart. Du hörst nicht zu. Du gehst nicht auf das ein, was wir sagen«, sagte ich ihr. Nie werde ich vergessen, wie sie damals vor mir saß. Sie war geschockt. »Wie? Das liegt an mir? Ich bin zu hart?«, fragte sie. »Ja, wir reden doch schon so lange darüber«, antwortete ich. »Aber ich habe es nie verstanden. Gut, wenn es an mir liegt, dann muss ich mich ändern«, sprach's, weinte, setzte sich mit geradem Rücken auf und sah mir in die Augen. »Der Kindergarten ist mein Leben. Dann muss ich lernen, mich zu ändern.« Ich konnte fühlen, mit welcher Macht ihr Traum in ihr Leben wollte und wie viel Kraft er Sonya in dem Moment, in dem er zu ihr durchdrang, zur Verfügung stellte. Wir machten einen neuen Anfang – und Sonya änderte von dieser Minute an ihre Kommunikation. Bis heute beeindruckt mich, mit welcher Geradlinigkeit Sonya bereit war, wann immer der Traum weiterwuchs, mitzuwachsen.

Abendfüllend könnte ich Geschichten erzählen von Menschen, die über sich hinauswachsen, weil sie ihren Träumen folgen, sodass diese sie in ein größeres, bunteres, spannenderes, erfüllenderes Leben bringen. Und manchmal haben unsere Träume die Kraft, uns unvorstellbar weit gehen zu lassen. Wie bei **Maria Angelica.** »Tochter, du wirst weit gehen«, sagte ihr Vater auf dem Sterbebett zu ihr. Er hatte keine Ahnung, niemand hätte sich vorstellen können, wie recht er damit haben sollte!

Wer seinem Traum treu bleiben will, muss auch bittere Wahrheiten annehmen

»Ich bin die Tochter eines *Campesinos.* Und ich selbst bin auch eine einfache *Campesina.* Ich mag die Menschen auf dem Land, dort bin ich geboren, dort fühle ich mich zu Hause.« Maria Angelica ist heute 67 Jahre alt. Sie arbeitet bei uns im Gesundheitszentrum, in dem sie in den Abendstunden in einem winzigen Kämmerchen sitzt, das kaum mehr als zwei Quadratmeter hat und kein Fenster. Es ist eher ein Schrank als ein Zimmer, der Durchgang von der Eingangshalle zu den Behandlungsräumen. Wenn das Gesundheitszentrum eigentlich schon geschlossen hat, koordiniert sie die Patienten, die berufstätig sind und deshalb zu den normalen Öffnungszeiten keine Termine wahrnehmen können, weshalb sie auf die Abendsprechstunden nach den offiziellen Öffnungszeiten angewiesen sind. Ich kenne Maria Angelica schon lange, seit dem Ende der Siebzigerjahre. Damals war sie in unserer Gemeinde aufgetaucht, nachdem sie mit ihrer Familie vom Land in die Armenviertel von Santiago gekommen war. Rasch wurde sie, die selbst im Elend lebte, eine zuverlässige, liebevolle Stütze in unserer Gemeinde. Sie kümmerte sich um die geschwisterliche Hilfe für alle, die in noch existenziellere Not gerieten, und engagierte sich in der Tauf- oder der Ehevorbereitung. 1985 haben wir eine Siedlung für Obdachlose aufgebaut, als ein verheerendes Erdbeben hier die Hütten und Häuschen zehntausender Menschen zerstörte und herzzerreißendes Elend hinterließ.

Und vor allem ein Herz zerriss, das von Mercedes Encheñique. Mercedes hatte ich schon 1972 kennengelernt, seit 1975 stand sie uns treu und ungeheuer tatkräftig und großzügig zur Seite. Mercedes Encheñique de Larrain, so lautete ihr vollständiger Name, gehörte zur alten chilenischen Aristokratie. Sie war bekannt für ihre Schönheit und wie viele aus der Oberschicht hatte auch sie einen Spitznamen. *Tía Pin* wurde sie genannt. Weil sie aus der Oberschicht stammte, war das Misstrauen groß, das unsere Leute ihr entgegenbrachten. Doch unbeirrbar transportierte sie Tonnen von Lebensmitteln. Das ist keine Übertreibung, ich habe mit eigenen Augen gesehen, was sie unermüdlich in der Zeit des großen Hungers in ihrem kleinen Mini zu unseren Suppenküchen brachte. Mir wurde sie eine Schwester und mehr, eine Lebensgefährtin. Der Dienst an den Armen war für sie eine Verpflichtung. Es war, als hätte Mercedes in jeder einzelnen ihrer Körperzellen die Überzeugung gespeichert: *Noblesza obliga* – »Adel verpflichtet«. So taub ihre Adelswelt auch in der Regel den Armen gegenüber war, so laut tönte das Elend in den Ohren von Mercedes.

Nach dem Erdbeben von 1985 aber schien es dann förmlich in ihr zu schreien. »Karoline, ich kann nicht anders. Unsere Hilfe muss mehr Wirkung haben. Sie darf nicht so leicht zerstört werden. Jetzt werde ich euch einen Teil meiner Erbschaft übergeben. Die Menschen hier brauchen jetzt mehr denn je ein Dach über den Kopf. Und zwar eines, das nicht wieder wie ein Kartenhaus vom nächsten Erdstoß zusammenfällt! Wir werden eine Siedlung bauen.«

Dieser Entschluss änderte das Leben von vierhundert obdachlosen Familien. Unser Freund, der große chilenische Architekt Mario Perez de Arce, entwarf einen Dorfplatz. Die Häuser sollten wie in einem Dorf zusammenstehen und ihren Bewohnern Vorbild sein, genauso zusammenzustehen. Dorfplatz, Kapelle, Kindertagesstätte und Werkstätten. Mercedes' und unser Traum wurde wahr: Direkt am damaligen Stadtrand von Santiago entstand ein Dorf mit festen Häusern, malerisch gelegen vor großen Ländereien, einer herrlichen Allee mit Platanen und Feldern.

Und in eines der neuen Häuser zog Maria Angelica mit ihrem Mann und einer kleinen Tochter, die gerade fünf Jahre alt geworden war, ein. Die Siedlung brachte mich schnell an den Rand meiner Kräfte. Hätte ich gewusst, was mich erwartet – ich weiß nicht, ob ich mich auf dieses Abenteuer hätte einlassen können. So aber hatte ich es begonnen und musste es zusammen mit den Menschen durchstehen, was sich gelohnt hat. Heute, also in der dritten Generation, gibt es eine gewachsene Sozialstruktur und es ist tatsächlich eine Art Dorf entstanden. In dieser dritten Generation sind viele der Ursprungsprobleme, die zum Teil Ursache, zum Teil Wirkung der Obdachlosigkeit waren – Drogen, Arbeitslosigkeit, mangelnde Schulbildung, Kriminalität usw. – viel weniger geworden. Maria Angelica gehörte zu den Wenigen, die von Anfang an die Chance, die ihr das Leben in der neuen Siedlung *Villa Mercedes* gab, zu nutzen wusste. Die vielen Drogen und die vielen anderen Probleme, all das machte ihr keine Angst. Unbeirrt zog sie hier ihre Tochter zu einer tüchtigen Frau groß. Sie lebte ihre kleine Familienwelt. So gingen die Jahre ins Land. Ich sah Maria Angelica in der Gemeinde, in der Siedlung und später auch noch im Gesundheitszentrum. Ich hatte Zeit, zu beobachten, mit wie viel bodenständiger Weisheit sie in der Gemeinde unterrichtete, wie umsichtig und mit welcher Geduld sie für die noch Ärmeren da war, mit wie viel Liebe sie den noch Ärmeren begegnete.

Viele Jahre später erfüllte sich für mich selbst ein Traum, den ich selbst kaum zu träumen gewagt hatte. Ein Geschenk, ein Traumgeschenk war es. Und das schönste daran: Viele hundert Menschen machten mir dieses Geschenk, damit ich es teilen konnte. Ein Geschenk zum Weiterverschenken zu bekommen, war an sich schon für mich wie der Himmel auf Erden. Und sofort wusste ich: Diesen Himmel würde ich auch mit Maria Angelica teilen. Was nur hatte der liebe Gott sich jetzt schon wieder ausgedacht? Ihr dürft gerne mit mir staunen. Ich jedenfalls tue es heute noch.

Es war so: Zu meinem siebzigsten Geburtstag wollte er mir wohl eine Freude machen. Sicher, ich hatte ihm – und unvorsichtigerweise auch einer Freundin – von dem Herzenswunsch erzählt, noch einmal mit meinen Leuten aus dem Armenviertel an den See Genezaret zu reisen.

Einmal war ich dort gewesen, hatte auf einem Gelände nach Pfadfinderart mit Gemeinschaftsduschen und einer Gemeinschaftsküche direkt am See in einer Holzhütte gewohnt. Genau gesagt war dies in Tabgha, dem Ort der Brotvermehrung. Vielleicht erinnert ihr euch an die Geschichte aus der Bibel. Es war schon zu der Zeit, als immer mehr Menschen zu Jesus kamen und hören wollten, was er über ein gutes Leben, eines, das glücklich macht, einen selbst und die anderen, zu sagen hatte.

An jenem Tag war er am See Genezaret unterwegs. Aber es waren so viele Menschen ans Seeufer gekommen, dass der Platz nicht reichte und Jesus in ein Boot stieg, um vom See aus zu ihnen zu sprechen.

Als sich dann die Sonne neigte, hatten die Jünger Sorge: Wie sollten diese vielen Menschen nur satt werden? Von den wenigen Vorräten, die sie hatten – in der Bibel ist von fünf Broten und zwei Fischen die Rede –, doch wohl sicher nicht. Deshalb wollten sie die Menschen nach Hause schicken. Aber Jesus hatte mehr Vertrauen und hieß sie einfach, die Brote und Fische auszuteilen, als, wie es im Vorderen Orient eben ist, binnen weniger Minuten die Sonne am Horizont sank und es dunkel und kühl wurde. Und siehe da – die Menschen wurden satt. Am Ende konnten die Jünger noch Körbe mit dem Essen einsammeln.

Das ist eine meiner Lieblingsgeschichten. In der Zeit des großen Hungers habe ich sie wieder und wieder erzählt. In unseren Suppenküchen, als die Frauen sich zusammengetan hatten, die Essensreste in den Supermärkten zu sammeln (wobei sie leider immer viel mehr bekamen, wenn ich mit ihnen unterwegs war) und dann in riesigen Töpfen daraus eine warme Mahlzeit für Hunderte von Kindern richteten, während die Männer sich zusammentaten, um Feuerholz an den Berghängen zu sammeln.

Genau an diesem Ort sein zu dürfen, an dem sich diese Geschichte zugetragen hatte, und bei der ich so oft hatte erleben dürfen, wie sie Wirklichkeit wurde, echte Kinder satt machte und ihnen echtes Lächeln in ihre echten Gesichtchen zauberte – das war ein ganz besonderes Glück für mich gewesen. Drei Stockbetten aus Metall passten in diese Hütte in Tabgha am See Genezaret hinein, zu sechst wohnten wir also dort. Wir entdeckten Galiläa, das Mittelmeer, Jerusalem und ein wenig von Palästina. Mir war, als spazierte ich über Wolken, als könne nicht ich es sein, die da wie in den Kulissen all der vielen Geschichten, die mich doch mein ganzes Leben lang begleitet hatten, umherlief. Ich schaute und schaute. So aufregend und beeindruckend das alles war, noch viel eindrücklicher war es, morgens vom Geglucker der Jordanquellen wach zu werden, die auf diesem Gelände austreten und direkt hinter unserer Hütte eine kleine Steinstaumauer hinunterrauschten. Vorsichtig schlich ich mich dann ans kaum fünfzig Meter entfernte Seeufer. Die leise anschwappenden Wellen, der Mond, der vom noch dunklen Himmel schaute, Schilf, Vögel und vorwitzige, ganz und gar herzige Klippdachse sprangen über die Felsen, begrüßten mich und kündeten mir, dass ich einen weiteren Tag in diesem Paradies sein dürfe. Der See übte einen ungeheuren Zauber auf mich aus. Geheimnisvoll, voller Poesie, beinahe überirdisch schön erstreckte er sich vor mir. Es dauerte dann nicht lange, bis das erste Dunkelrot, das der Sonne voraneilt, am Horizont erschien. Mit den ersten Strahlen kletterte sie so atemberaubend schnell, wie sie abends versank, hinter der Hügelkette hoch und tauchte den Tag, der ab jetzt endgültig seinen Lauf nahm, in ihr helles Licht.

Ohne Zweifel: Galiläa und Tabgha übten einen großen Zauber, eine große Faszination auf mich aus. Noch dichter aber wurde es, als wir eines Tages mit einem hölzernen Pilgerboot auf die Mitte des Sees hinausfuhren, dieses Mal dem Sonnenuntergang entgegen. Ich hatte mich in den Bug des Schiffes gesetzt. Ganz in der Schiffsspitze saß ich im Schneidersitz auf den Planken, schaute unter der Reling hindurch, ließ Licht, Wasser, Himmel in mich hineinfließen, so tief, dass ich nicht zu sagen gewusst hätte, wo Gott anfängt und ich aufhöre. Und hier, auf dem See, formte sich tief in meiner Seele der Wunsch: Hier möchte ich noch einmal mit meinen Leuten hin, das hier möchte ich den Menschen zeigen können, die all die Jahre das Evangelium in sich aufgenommen haben und es nach bestem

Wissen und Gewissen leben. Hier ist mir, als hätten Orte ein Gedächtnis. Hier ist mir, als berge der See in seinen Tiefen den Frieden, den Jesus in die Welt gebracht hat. Es ist ein großes Wort ich weiß, aber dennoch: Hier ist mir, als könne ich Jesus selbst begegnen.

An einem der nächsten Morgen saß ich zusammen mit einer Freundin über den Quellen des Jordans auf einem hölzernen Steg. Und dieses Mal lief mir das Herz über: »Hier möchte ich gerne noch einmal mit meinen Leuten hin«, seufzte es sich aus mir ins Wasser. Wie konnte ich ahnen, dass diese Freundin diese Worte in ihrem Herzen bewahren würde? So lange, bis ich den nächsten runden Geburtstag hatte. Ich weiß, ich bin schwer zu beschenken, jedenfalls wenn es um herkömmliche Geschenke geht. Persönlichen Besitz habe ich wenig, zwei blaue Trägerröcke, ein paar weiße Blusen, zwei blaue Strickjacken, eine Winterjacke, einige Schals und meine geliebten Birkenstocksandalen. Das ist alles, was ich habe, und damit bin ich glücklich. Auch Reisen, Ausflüge, Konzerte oder welche wunderbaren Unternehmungen auch immer, all das empfinde ich nicht als meine Berufung. Das interessiert mich natürlich, es freut mich, lässt mein Herz höher schlagen und manchmal genieße ich es auch, aber es ist nicht das, was ich in diesem Leben suche. Und so nehme ich die meisten Geschenke, um sie weiter zu verschenken. Alle, die mich kennen, wissen und respektieren das. Sie wissen auch, worüber ich mich am meisten freue: wenn ich helfen kann. Deswegen schenken sie mir oft Geld mit der Widmung: »Du wirst schon wissen, wo es gebraucht wird.« Sie haben ja recht – der liebe Gott zeigt mir andauernd, wo ihr Geld gebraucht wird, um eine gute Welt zu bauen.

Nun, diese Freundin, die mit am See Genezaret war, wollte genau das dieses Mal nicht. Sie zerbrach sich den Kopf darüber, ob ich nicht doch einmal einen Wunsch geäußert hätte. Ihr fiel nichts ein. Aber ich kenne sie, sie ist hartnäckig, kann sehr zäh sein. Und ihr ist es ein Vergnügen, sich Geschenke auszudenken. Einmal hat sie mir erzählt, dass sie schon als Mädchen in der Familie diese Rolle hatte: Wer immer keine Idee für ein Geschenk hatte, kam zu ihr mit der Begründung, dass ihr doch immer etwas einfiele. Und so war es dann auch. Doch ausgerechnet dieses Mal wollte es ihr nicht gelingen. Das machte sie ganz unglücklich. Ich konnte doch nicht der einzige Mensch sein, der nicht einmal einen Wunsch geäußert hat! Trotzig, so erzählte sie mir später lächelnd, habe sie sich eine Kanne Tee gekocht, sich auf ihren Lieblingsplatz gesetzt und beschlossen, nicht eher aufzustehen, bis ihr etwas eingefallen sei. Als sie dann so da saß, die Augen geschlossen, und vor dem inneren Auge Begebenheit für Begebenheit, die wir zusammen erlebt hatten, Revue passieren ließ, landete sie in der Erinnerung mit mir auf dem hölzernen Steg in der Morgensonne des See Genezarets. »Hier will ich noch einmal mit meinen Leuten hin«, hörte sie mich sagen – und wusste im selben Moment: Das ist er. Das ist ein Wunsch. Und sie wollte ihn mir erfüllen. So leerte sie den Rest der Teekanne sinnend und planend: eine Reise für mich und fünf weitere Menschen aus dem Armenviertel, sodass wir zusammen die kleine Holzhütte mit den drei rotmetallenen Stockbetten füllen könnten. Das war ambitioniert oder auch verrückt, natürlich. Aber manchmal äußern Menschen eben verrückte Wünsche. Das sagt ja noch nichts darüber, ob sie zu verwirklichen sind, sondern nur, dass man eben auch ein bisschen Verrücktheit für die Verwirklichung der Wünsche braucht.

Und wenn es ihr gelänge, diese Idee als Geburtstagsgeschenkidee unter den vielen Menschen, die mich all die Jahrzehnte begleitet hatten, bekannt zu machen, so dachte meine Freundin, dann sollte diese Verrücktheit wohl eine Chance haben. Schon wieder eine Traumgeschichte, in der jemand seine Idee, so ambitioniert sie auch klingen mag, einfach ernst nimmt und anfängt, sie umzusetzen, ganz gleich, wie verrückt oder auch idiotisch andere diese Idee finden, wovon auch meine Freundin in diesem Fall nicht verschont blieb.

Eine Reise? Für mich? Niemals würde ich das wollen! Und überhaupt, wie denn Menschen aus dem Armenviertel, die noch nie ein Flugzeug bestiegen hätten, um die halbe Welt fliegen, Auto fahren sollten in einem Land, dessen Schilder sie nicht lesen können und in dem keine Sprache gesprochen wird, die sie sprechen? Außerdem – und das war das k.o. Argument – würde ich das Geschenk bestimmt gar nicht wollen. Punkt. Nun, meine Freundin hat durchaus eine Portion »Na-wartet-ich-werde-es-euch-allen-zeigen« im Leib. Sie hatte gespürt, von wo in mir ich diesen Wunsch geäußert hatte, sie wusste, dass ich mich freuen würde. Doch mit so viel Skepsis, so viel Widerstand hatte sie nicht gerechnet. Doch das spornte sie erst recht an.

Schließlich fand sie einen Verbündeten in einem wunderbaren alten Herrn und langjährigen Freund von mir. Einen Großteil seiner Zeit, seiner Energie und seines Geldes setzt er für die geschundenen Palästinenser ein. Er demonstriert, schreibt Leserbriefe, Artikel und Reiseführer, auch, wenn nur wenige Menschen ihm noch zuhören wollen und die meisten abwinken, wenn er von neuem Leid seiner palästinensischen Freunde zu berichten hat. Nachdem nun meine Freundin wusste, dass dieser Freund die Idee sehr großzügig unterstützen würde, rief sie mich kurzerhand an. Morgens um acht klingelte mein Telefon, und sie sprudelte sofort los: »Karoline, ich brauche dich mal. Erinnerst du dich? In Israel hast du gesagt: ›Hier will ich noch einmal mit meinen Leuten hin.‹ Ist das wirklich so? Willst du das?« Völlig erstaunt sagte ich wahrheitsgetreu: »Aber ja, das ist so.« »Und jetzt nimm einfach mal an, das würde gehen. Du könntest mit Menschen aus dem

Armenviertel noch einmal dahin. Würdest du das dann wollen?« »Ja! Natürlich! Ein Traum wäre das!«, rief ich spontan aus. Und ich dachte, ich träume, als meine Freundin sagte: »Dann ist es abgemacht, wir werden dir diese Reise zum Geburtstag schenken.«

Danach ging alles ganz leicht, hat mir die Freundin später erzählt. Als sie sagen konnte, dass ich mir diese Reise wirklich wünsche, war es wie ein Dammbruch. Alle freuten sich, mir eine Freude machen zu können, mir etwas Persönliches schenken zu können. Hunderte haben sich beteiligt, und am Ende war nicht nur die Hütte am See voll, sondern wir konnten in einer Gruppe von vierzehn Teilnehmern von Santiago aus ins Heilige Land aufbrechen und brauchten noch ein großes Zelt zusätzlich! Könnt ihr euch das vorstellen? Eine wundersame Ticketvermehrung, so haben wir gescherzt. Aber ganz ohne Scherz: Das war es natürlich in gewisser Weise auch. Und wenn ihr mich fragt, was hier eigentlich passiert ist, dann war es in Wirklichkeit eine wundersame Liebesvermehrung.

Ich selbst war jedenfalls überüberglücklich: So konnte ich nicht nur selbst zurück an den See reisen – ich durfte sogar einigen Menschen sagen: »Dich möchte ich mit dabei haben.« Alle, ausnahmslos alle haben geweint, als ich mit dieser Botschaft zu ihnen kam. Nicht anders war es bei Maria Angelica. »Ich habe eine Überraschung für dich«, sagte ich, und ihre klugen, tiefbrauen Augen schauten mich erstaunt aus ihrem freundlichen Gesicht an. »Was für eine Überraschung, Madre?« »Nun, ich habe ein Geschenk zum Teilen bekommen, und ich möchte es mit dir teilen. Ich habe eine Reise an den See Genezaret geschenkt bekommen. Ich möchte, dass du mit dabei bist.« Übergangslos füllten sich ihre Augen, und sie begann zu weinen. Erst nach einer Weile versiegten die Tränen. »Woher kannst du wissen, dass ich davon schon seit Jahrzehnten träume, mich dorthin schon so lange sehne? Sag mir, wie?« »Aber das weiß ich doch gar nicht. Woher sollte ich das denn wissen? Ich habe mir einfach nur gedacht, dass du gerne mit uns fahren möchtest. Und eben, dass ich dich gerne dabei habe, dass ich dieses Geschenk gerne mit dir teilen möchte«, antwortete ich. »Ich war noch ganz klein, da hatte ich diesen Wunsch schon«, sagte Maria Angelica. »Ich weiß nicht, woher er her kam. Aber er war da. Und ist immer bei mir geblieben. In meiner Kindheit hatte ich ›*una tía*‹, eine Tante, eine Frau, deren Familie aus Palästina ausgewandert war. Sie kam aus Bethlehem und hat mir immer von dort erzählt. Für meinen Vater war es ungeheuer wichtig, dass wir Kinder eine spirituelle Erziehung bekommen. Von daher kannte ich Bethlehem schon aus den Erzählungen der Bibel. Und als diese *tía* mir von Bethlehem erzählte, von den Gassen der Stadt, den Händlern, dem Gewimmel im Basar, von der Sonne, der Olivenernte und dem Duft von Zitronenbäumen im Frühling, da säte sie eine unstillbare Sehnsucht in mein Herz: Dorthin wollte ich auch. Unbedingt. Aber ich wusste ja, dass es nicht möglich sein würde. Nie. Deswegen habe ich zu Gott gesagt: ›Nimm meinen Wunsch wieder weg. Was soll ich mit einer Sehnsucht, die sich nie erfüllen wird?‹ Aber die Sehnsucht ging nicht weg, ich konnte tun und lassen, was ich wollte. Dann habe ich angefangen, mit Gott zu handeln: ›Also, wenn ich es denn so sehr will, dann hilf mir. Vielleicht gibt es ja doch einen Weg. Wenn ja, dann weißt du ihn.‹ So ging es über Jahre und Jahrzehnte. Niemals habe ich einem Menschen davon erzählt. Je länger es ging, desto mehr brannte und schmerzte mein Herz. Es brannte vor Sehnsucht und schmerzte, weil ich wusste, dass diese Sehnsucht sich niemals würde erfüllen können.« Schon lange liefen meine Tränen, während Maria Angelica erzählte. Nein, das hatte ich nicht gewusst. Nichts davon. »Schließlich konnte ich es nicht mehr aushalten. Ich habe zu Gott gesagt: ›Das ist das letzte Mal. Bitte, hilf mir entweder ins

Heilige Land zu kommen, dieses eine Mal kann mein Herz es dir noch antragen. Aber wenn es nichts wird, dann werde ich mir diese Sehnsucht verbieten.‹ Warum soll ich so leiden, wenn ich doch weiß, dass ich es nie erleben werde? Hermana« – Maria Angelica sah mich jetzt mit weit offenen Augen an – »Das ist gerade einmal vier Wochen her. Und jetzt kommst du und erzählst mir von dieser Reise! Das ist die schönste Nachricht, die ich in meinem ganzen Leben bekommen habe!«

Es wurde eine wunderbare Reise. Für jeden Einzelnen hat sie eine andere Bedeutung gehabt. Für alle war sie buchstäblich wie das biblische Manna in der Wüste vom Himmel gefallen. Ein Geschenk vom anderen Ende der Welt. Einfach so. Und gerade weil es ein Geschenk war, hatte die Reise solche Kraft. Maria Angelica hat es, als wir in Jerusalem nebeneinanderstanden und auf die ins Nachmittagslicht getauchte goldene Kuppel der Al' Aqsa Moschee schauten, so ausgedrückt: »Niemals hätte ich mir diese Reise leisten können, ganz gleich, wie sehr ich sie mir gewünscht habe. Aber hätte ich sie mir leisten können, dann hätte sie mir nicht das gegeben, was sie jetzt ist: ein Geschenk, das mir viel tiefer ins Herz fallen kann als jede Reise, die ich mir hätte kaufen können.« Maria Angelica hat es stellvertretend für alle gesagt: Jeden von uns hat diese Reise berührt und verwandelt.

Sonya hat viel mehr, viel tiefer verstanden, was wir mit unserer Arbeit eigentlich wollen. Dass es um so viel mehr als Essen und Wohnen und Schule geht, sondern um Liebe, darum, den Menschen, allen Menschen mit so viel Liebe zu begegnen, wie wir fähig sind. Und dass man das Lieben immer weiter lernen kann. Denise hat nach der Reise den Kontakt mit ihrem Bruder, der jahrelang geruht hatte, wieder aufgenommen. Erica hat am See noch einmal Abschied genommen von ihrer Tochter. Sie hatte sich zwanzig Jahre zuvor als Fünfzehnjährige vor eine

U-Bahn in Santiago geworfen und in ihrer Verzweiflung und Ausweglosigkeit ihre Mutter in einen furchtbaren Schmerz mitgerissen. Am Ufer des Sees weinte Erica wie schon so viele Male vorher. Aber dieses Mal waren es Tränen, die die Frage, wie viel Schuld sie auf sich geladen hatte, fortspülten, dieses Mal konnte sie ihre Tochter in Frieden ruhen lassen.

Wenn wir abends von unseren Ausflügen auf das Gelände am See zurückkamen, bekochten abwechselnd die Männer die Frauen und die Frauen die Männer. Und wenn wir nicht zu müde waren, war das Kochen der Auftakt zu einem spontanen Fest. Noch nie habe ich erlebt, dass eine Gruppe mit doch so unterschiedlichen Mitgliedern, Bedürfnissen und Vorlieben so flexibel im Umgang miteinander war. Alle hatten ihren Anteil daran, dass das passierte, was die Freundin, die die Idee zu der Reise hatte und die uns für ein paar Tage am See besuchen kam, so beschrieb: »Noch nie ist es mir so leicht gefallen, in eine neue Gruppe zu finden. Es ist, als hieltet ihr alle miteinander mit euren Händen zwischen euch ein großes Herz aufgespannt, in das man einfach eintreten kann.«

Und Maria Angelica? Als wir in Bethlehem waren, atmete sie tief durch, sog die gewürzgetränkte Luft in den Basaren ein, verglich die inneren Bilder, die ihr seit der Kindheit im Herz umherirrten, mit dem, was ihre Augen sahen. Es bräuchte nicht ihre Sensitivität, um das Leid zu fühlen, das heute in Bethlehem jeden Zentimeter Boden tränkt, die Menschen dort wie Luft umgibt. Die Bewohner sagen, ihre Stadt sei ein Gefängnis geworden, aus der sie, wenn überhaupt, nur mit großen Schwierigkeiten ausreisen könnten. Nicht einmal, um sich medizinisch im nur wenige Kilometer entfernten Jerusalem versorgen zu lassen. Sie erzählen schreckliche Geschichten: vom Schwiegervater, der am Checkpoint so lange nicht durchgelassen wurde, bis sein Herzinfarkt ihn so verwüstet hatte, dass er in der Nacht starb; von der Tochter, die unter der

Geburt des Kindes in Schwierigkeiten geriet und ebenfalls so lange warten musste, bis jede Hilfe für das Kind zu spät kam. Eine Ingenieurin, die in Bethlehems Verwaltung für die Straßen der Stadt zuständig ist und die ich frage: »Welche Hoffnung hast du für dein Leben?«, will schon die Schultern zucken und die Frage abwehren, antwortet dann doch aufrichtig: »Keine. Von Jahr zu Jahr wird es schlimmer. Ich fühle mich kaserniert und kann die Schikanen nicht mehr zählen.«

Verzweiflung wird hier auf viele Weisen geschaffen: Nicht einmal die Oliven, die gerade reiften, als wir dort waren, konnten ihre Besitzer ernten, denn zwischen die Haine mit ihren Gärten und Olivenbäumen und ihren Häusern hat das israelische Militär an vielen Stellen eine Mauer gebaut. Unüberwindbar. Ohnmächtig waren sie verdammt zuzuschauen, wie ihre reifen Oliven ungeerntet abfielen und verrotteten.

All das nahm Maria Angelica in ihr immer schwerer werdendes Herz auf. Schließlich suchte sie in den kleinen Gassen und Läden der palästinensischen Händler nach einer bestimmten Musik. Die brachte sie ihrer *tía* als Erinnerung an ihre alte Heimat mit nach Hause, nach Chile. Und als wir in Jerusalem den Kreuzweg gingen, war sie besonders ergriffen. Wie schon erzählt, schauten wir vom Ölberg aus auf Jerusalems Altstadt und ihre goldenen Kuppeln. »Ich werde nie mehr die Gleiche sein«, sagte sie dort. »Weißt du, Karoline, ich habe immer an Gott geglaubt, ja. Aber wirklich begriffen, was Jesus für uns getan hat, habe ich erst oben auf dem Ölberg. Welche Liebe er für uns hatte, weil er doch wusste, was er auf sich nahm! Mit jedem Schritt, den wir vom Berg hinuntergegangen sind, habe ich gefühlt, wie diese Liebe mehr Raum in mir einnahm. Jetzt ist es, als ob der Glaube mich von innen ganz auffüllt.« Maria Angelicas Vater hatte recht gehabt: Die Tochter eines Campesinos war weit, weit gegangen!

Und auch Luis hatte recht. Luis gehörte schon einige Jahre zu unserer Gemeinde. Er hat lange als LKW-Fahrer gearbeitet und verdient sein Geld heute als Taxifahrer in Santiago. Luis gehört zu den Männern, die nach dem großen Erdbeben zum Helfen in den Süden gefahren sind. Er sagte, ihm sei in der Not geholfen worden, da wolle er das auch tun. Aus der spontanen Hilfe ist ein langfristiges Engagement geworden. Nachdem die Häuser wieder aufgebaut waren, haben sich die Menschen im Süden wieder eine Kirche gewünscht. Und die Männergruppe aus unserer Gemeinde, zu der Luis gehört, hat mittlerweile eine kleine Holzkirche dort gebaut. Sie dient als Versammlungsraum, als Treffpunkt und natürlich für Gottesdienste. Sie ist der Mittelpunkt der neuen kleinen Gemeinschaft, die sich im Süden gebildet hat. Luis hatte ich auch eingeladen, mein Geburtstagsgeschenk mit mir zu teilen. Er macht nie viele Worte, aber als ich mit ihm an einem Abend in Jerusalem in den kühlen Abendstunden an der angeleuchteten Altstadtmauer entlangspazierte und wir zusammen in den trotz der Stadtlichter leuchtenden Sternenhimmel schauten, sagte er plötzlich zu mir: »Hermana, wir sind hier, weil wir Teil von deinem Traum sind.«

Und genau so ist es. Jedenfalls nehme ich es so wahr: Wir sind Teil unserer Träume. In den großen Träumen geht es nicht um uns allein, sondern immer auch um die anderen. Darum, dass wir Wege finden, wie wir füreinander da sein können. Wenn ich es mit großen Worten sagen soll, dann, dass wir zum Segen werden können mit dem, was nur wir in die Welt bringen können, für uns und füreinander.

Wie wir ein Teil unserer Träume sind oder werden, das ist ein Geheimnis für mich. Es ist, als ob sich unsere Träume verwebten. Als griffen im Verborgenen Fäden ineinander, die von unsichtbaren Schiffchen durch ebenso unsichtbare Kettfäden gezogen werden, so lange, bis plötzlich für alle sichtbar ein wunderbares Bild gewoben worden ist. Selbst eine Gruppe von Menschen aus dem Armenviertel, die nie zuvor ein Flugzeug bestiegen hat, kann so über den großen Teich an das Ufer des See Genezarets gewoben werden, kann die Reise ihres Lebens machen. Und ich bin mir ganz sicher: Die Liebe, die sie erst an diesen Ort und dann vor Ort so tief mit sich selbst in Kontakt gebracht hat, wird auf immer neuen Wegen zu den Herzen anderer Menschen zurückfinden, wird neue Traumfäden verknüpfen und noch viele Traumbilder – kraftvolle, mutige, zauberhafte und zutiefst menschliche – in die Welt weben.

Und die Liebe ist es auch, die die Menschen zusammenführt, von denen jeder für sich alleine träumt und die doch in Wirklichkeit einen gemeinsamen Traum haben.

Abends: Wer seine Träume nicht verrät, verändert die Welt

In meinem Traum ist jeder Mensch einfach nur ein Mensch

Die chilenische Gesellschaft ist voller Wunden, die die Diktatur den Menschen geschlagen hat. Wenn überhaupt, erzählen sie bis heute nur sehr vorsichtig davon. Selbst im Kreis der Mitarbeiter ist das so, denn auch unter sie mischen sich die unterschiedlichsten politischen Ansichten. Und wer wie auf welche politische Ansicht reagiert, kann man nicht genau wissen. Mir ist es aber wichtig, dass das Vertrauen unter den Mitarbeitern wächst. Wir sind alle hier, weil wir einen Traum teilen. Wer dabei zu welchem politischen Lager gehört, ist mir nicht wichtig. Und ich wünsche mir, dass es für niemanden bei unserer Arbeit wichtig ist.

Wenn wir in einer Runde zum Geburtstagsfrühstück zusammensitzen, ermuntere ich deshalb die Mitarbeiter, mehr von sich zu zeigen, gerade von den Wunden, die ihnen und ihren Familien in den dunklen Jahren geschlagen wurden. Das Vertrauen unter den Mitarbeitern wächst langsam. Sara zum Beispiel, unsere Buchhalterin, ließ sich bei ihrem Geburtstagsfrühstück, bei dem wir uns dann alle um den großen Konferenztisch versammeln, ermutigen, von der Verhaftung ihrer Eltern zu erzählen. Und wie sie als Kind von jetzt auf gleich die jüngeren Geschwister versorgen musste. Das Erzählen fiel Sara sichtlich schwer, auch wenn ihr feinfühliger Respekt von den anderen Mitarbeitern entgegenkam, die offen zum Ausdruck brachten, wie wenig sie doch voneinander wüssten, selbst in einer Einrichtung wie der unsrigen. Aber seit Beginn meiner

Arbeit in den Jahren der Diktatur habe ich mir einen Grundsatz immer zu Herzen genommen: Ich kenne keine Politik, ich kenne nur Menschen. Das gilt natürlich auch für meine Mitarbeiter. Und das stellt mich bis heute vor große Herausforderungen. Wie bei **Andreas** Onkel.

Andrea Frindt hat uns einen großen Dienst erwiesen. Als unser Geschäftsführer Fernando Massad seinen Kampf gegen den Krebs verlor, ist sie über viele Monate für ihn eingesprungen und hat seine Arbeit ehrenamtlich fortgesetzt. Eines Tages kam sie zu mir und fragte mich, ob ich wohl mit ihr ihren Onkel besuchen würde, um den sie sich sehr sorgte. Natürlich habe ich zugesagt, auch in dem Wissen, wer Andreas Onkel ist, nämlich niemand Geringeres als der ehemalige Chef der chilenischen Geheimpolizei, Odlanier Mena. Mena wurde wegen Mordes an drei Regimegegnern 2009 zu sechs Jahren Haft verurteilt und saß seitdem im Gefängnis. Allerdings nicht in irgendeinem Gefängnis, sondern in der luxuriösen Haftanstalt *Penal Cordillera* für ehemalige Militärs aus der Zeit der chilenischen Diktatur.

Dieses Luxusgefängnis mit Bungalows, Tennisplätzen und Swimmingpool war von Menschenrechtsorganisationen schon lange kritisiert worden. Der chilenische Präsident Piñera hatte im Rahmen der Aufarbeitungs- und Erinnerungsfeierlichkeiten an den Militärputsch vierzig Jahre zuvor im Oktober 2013 angekündigt, diese Haftanstalt nun zu schließen und die verbliebenen Militärs zu verlegen. Diese Verlegung war der Hintergrund für Andreas Sorge, deshalb bat sie mich, ihn am Wochenende, für das er immer die Haftanstalt verlassen durfte, zu Hause zu besuchen.

Zu dem Besuch kam es nicht mehr, denn an diesem Wochenende hat Odlanier Mena Selbstmord begangen, was er als einen Akt des Protestes gegen seine Verlegung verstanden wissen wollte. Andrea und ihre Mutter waren äußerst betroffen, und als sie mich baten, ihnen bei der Beerdigung des Onkels beizustehen, gab es für mich kein Zögern.

Da über die Beerdigung im Fernsehen berichtet wurde, sahen viele Menschen mich unter den Trauergästen. Sie konnten mich nicht verstehen und verurteilten mich. Meine Geste der Solidarität und Menschlichkeit für unsere Mitarbeiterin in einer schweren Stunde wurde mir übelgenommen, als ein Übertritt ins Lager der Rechten interpretiert. Das war nicht mein Thema. Mir ging es um den Schmerz der Familie, nicht darum, durch meine Geste General Mena von seinen Verbrechen zu entlasten. Es ging um Mitmenschlichkeit und Einfühlung bei den Menschen, die mir nahestehen. Ich war davon überzeugt, dass das in diesem Augenblick mein innerer Ruf war. Marla und einigen Freunden und Mitarbeitern, die mich nach dem Fernsehbericht verständnislos anfragten und eine Gesinnungsänderung bei mir fürchteten, konnte ich nur sagen: »Ich fühle die Freiheit, die Menschen und ihre Leiden zu begleiten, was auch immer der Grund ihres Leidens sein mag. Wenn das von Menschen politisch ausgelegt wird, dann tut es mir leid, aber ich habe meinem inneren Ruf zu folgen. Ich bin frei und werde es bleiben. Und bin mir sicher, irgendwann werden die Menschen mich verstehen.«

Wo Menschen gemeinsam träumen, wird der Traum immer größer

Auch **Marla** gehört zu den Menschen, die tiefe Wunden aus der Zeit der Diktatur davongetragen haben. Marla Solari leitet unser Gesundheitszentrum. Gleiche Medizin für alle – dafür kämpfte schon ihr Vater, ein kommunistischer Arzt aus dem Reichenviertel. Im »*Consultorio*« – so nennen wir das Gesundheitszentrum auf Spanisch – hat Marla ihren Ort gefunden, den Traum ihres Vaters, der schon früh auch zu ihrem eigenen wurde, zu leben. Marla ist eine Idealistin. »Ich will, dass wir die sein können, die wir sind, ich glaube daran, dass wir einen ethischen Auftrag haben«, sagte sie einmal, als ausländische Journalisten sie fragten, warum sie bei uns arbeite. »Ich möchte das Beste aus jedem Menschen herausholen, ich möchte, dass jeder sein Bestes tun kann. Schwester Karoline schafft das, und ich habe mir vorgenommen, es auch zu schaffen.« Aber warum sie denn überhaupt bei uns sei, wollte die Reporterin, die eine Delegation aus Deutschland begleitete, wissen. Ich sollte ihre Fragen übersetzen, deshalb war ich mit dabei. Sicher könne sie doch auch an einer anderen Klinik mehr Geld verdienen, fragte sie weiter. Ja, so ist es. Natürlich könnte Marla im Reichenviertel ein ganz anderes Honorar bekommen. Ich kenne ihre Geschichte und ihre Motivation natürlich. Aber ich weiß auch, dass Marla zurückhaltend damit ist. Vor allem mit ihrer Familiengeschichte, durch die sich, wie durch so viele andere Familien, tiefe politische Gräben ziehen. Gräben, in die die jüngste chilenische Geschichte noch tiefere Wunden geschlagen hat.

Erst heute fangen die Menschen in Chile vorsichtig an, sich die Geschichten zu erzählen, die sie in der Diktatur erlebt und erlitten haben. Marla unterscheidet sich nicht von den anderen. Marlas Vater war, wie schon gesagt, ein kommunistischer Arzt. Ihre Mutter dagegen war eine glühende Pinochet-Anhängerin, sie gehörte zum engeren Kreis seiner Frau, Lucia Hiriart de Pinochet. 1974 starb Marlas Schwester, ein Cousin, der als Regimegegner bekannt war, »verschwand«. Die Umstände, unter denen Marlas Schwester starb, sind bis heute ungeklärt. Klar ist nur, dass es sich um einen gewaltsamen Tod gehandelt hat. Der Familie wurde der Tod als Selbstmord dargestellt, was schon schlimm genug gewesen wäre, eine Schande im katholischen Chile. Für Marla aber war es besonders schwer auszuhalten, dass die Mutter auch dann nichts über die wahren Hintergründe des Todes ihrer Tochter erfahren wollte, als dies ihr möglich gewesen wäre, als Freunde aus dem Kreis von Pinochet es ihr erzählen wollten. So muss Marla bis heute mit der Ungewissheit leben. Und auch das Schicksal ihres Cousins bleibt im Dunklen. Er ist einfach einer der viel zu vielen »*Desaparecidos*«, wie die Verschwundenen genannt werden. Menschenrechtsorganisationen schätzen, dass in Lateinamerika in den Zeiten der Militärdiktaturen bis zu 350 000 Menschen »verschwunden« sind. »Verschwunden«, das klingt so harmlos. Und nur wenn man es weiß, hört man in diesem Ausdruck die Gewalt, die er doch zu verschleiern versucht. Die Menschen, von denen hier die Rede ist, verschwanden ja in Wirklichkeit nicht einfach von der Bildfläche, so wie Wolken am Himmel vorüberziehen und dann verschwinden. Nein, diese Menschen wurden gefoltert, gequält, verschleppt und dann getötet. Man hat sie wo und wie auch immer eben »verschwinden« lassen.

Die Familien haben oft viele Jahre in Ungewissheit gelebt und wissen zum Teil bis heute nicht, was wirklich geschah. So wie Marla bis heute nichts über das Schicksal ihres Cousins weiß. Auf der einen Seite war Marla also von kritischen und widerständigen Geistern in ihrer Familie umgeben, auf der anderen Seite gab es ihre Mutter, die immer eine treue Pinochet-Anhängerin war. Mit einer solchen Familienbiografie steht Marla keineswegs alleine da. Es gibt viele Familien, die politisch zu verschiedenen Lagern gehört haben. In einer Diktatur hat das jedoch eine ungleich andere Dramatik als in einer Demokratie.

Vor diesem Hintergrund war ich besonders gespannt, wie Marla die Frage der Journalistin, warum sie ausgerechnet bei uns arbeite, beantworten würde. Eine kluge, berechtigte Frage. Bei ihrer Geschichte wäre es für Marla ein Leichtes, an einem anderen Ort Arbeit zu finden. Aber das will sie nicht, und ich frage mich, wie sie das jetzt wohl der Journalistin gegenüber begründen würde. Marla schaute mich erst zögernd an, dann fasste sie Vertrauen. »Ich habe das lange nicht gewusst, hatte keine Ahnung, wo mein Platz in der Welt ist oder sein könnte. Dann habe ich Schwester Karoline kennengelernt. Und zwar in ›*Vita Cura*‹, einem Reichenviertel, über Arturo Domingo, einen berühmten Architekten, der mit ihr zusammenarbeitete. Ihre Stärke, ihre Wärme haben mich sofort bewegt. Aber das hieß für mich noch nicht, dass ich hier meinen Platz würde finden können. Wissen Sie, ich habe keinen religiösen Traum. Und ich wusste nicht, ob ich als Kind aus dem Reichenviertel in der Lage sein würde, mich mit der Armut wirklich zu konfrontieren, ob ich diese Stärke besitzen würde. Also wusste ich es immer noch nicht.« Marla machte eine Pause, suchte nach Worten, wägte ab, wie viel sie von sich erzählen wollte. »Aber dann hatte ich ein Schlüsselerlebnis. Ich war zu einer Veranstaltung in Karolines Gemeinde eingeladen. Ich ging hin – und sah plötzlich ein Pärchen. Die Frau war blind, der Mann hatte keine Hände. Alles haben sie zusammen gemacht. Sie waren so vertraut miteinander! Und noch mehr berührt hat mich: Sie waren glücklich, strahlten wie die Sonne. Dieses Strahlen erschütterte meine Überzeugungen. Denn hätten sie es nicht schwer haben müssen? Arm sein und blind oder ohne Hände, was für ein schweres Leben! Wer ein schweres Leben hat, ist unglücklich. Diese Gleichung hatte ich nie überprüft, nie infrage gestellt. Aber diese beiden hier taten es einfach, sie stellten die Gleichung auf den Kopf. Eine ganze Weile habe ich ihnen zugeschaut, bis ich ahnte: Sie mögen etwas nicht haben oder können: die Welt sehen oder greifen können. Andererseits haben sie etwas Unschätzbares: Sie haben sich, ihre gegenseitige Unterstützung. Als ich so auf dieses Pärchen schaute, wusste ich plötzlich: Darum geht es. Wir müssen uns gegenseitig unterstützen. Wenn wir das tun, dann können wir alles. Weil es immer jemanden gibt, der das kann, was wir nicht können.

In diesem Moment klärte sich viel für mich. Auch, dass ich hier, in der Welt, die Schwester Karoline geschaffen hat, sein wollte, dass ich hier meinen Platz finden wollte. Ich wollte sein wie dieses Paar: Augen und Hände sein für die Menschen, die nicht sehen oder nicht greifen können. Ich habe ja schon gesagt: Ich habe keine religiösen Ziele. Aber ich will, dass wir alle in einer anderen Welt leben können. Das schon. Und das geht nur, wenn wir uns zusammenschließen. Dort, wo Menschen sich zusammenschließen, entstehen Synergien. Da entsteht Stärke. Schwester Karoline hat einen Ort geschaffen, an dem Menschen, die an eine andere Welt glauben, einen Platz finden können, diese andere Welt mit zu erschaffen. Wissen Sie, wir, die Menschen mit den Träumen, sammeln uns hier um Schwester Karoline. Damals, nachdem ich diese beiden Frauen gesehen hatte, bin ich zu Schwester Karoline gegangen und habe gesagt: ›Ja, ich werde dir helfen. Ich will hier arbeiten.‹ Und so bin ich hierhergekommen.«

Marla hat ihren Platz gefunden, an dem sie ihren Traum leben kann und somit die Welt verändert. Jeden Tag tut sie das Ihrige, damit die über 20 000 eingeschriebenen, bitterarmen Patienten in unserem Gesundheitszentrum eine Zuflucht für ihre Krankheiten haben, in der sie hochkompetent behandelt und ihrer Würde nicht beraubt werden.

Würde – ein Zustand, den viele der obdachlosen Menschen unter uns nicht einmal mehr erahnen können. Umso wichtiger ist es, an dieser Stelle zu träumen und die Welt würdevoller zu machen. Wie es **Rosa**, **Carlos** und die anderen schon tun.

Es war ein äußerst ungünstiger Termin, aber ich hatte ihn vor Wochen schon zugesagt und ihn davor schon einmal abgesagt bzw. verschoben. Also musste es dieses Mal sein, zumal ich diejenige war, die Rosa, Carlos und die anderen kräftig ermutigt hatte, ein neues Projekt in Angriff zu nehmen. So packe ich an diesem Abend kurzerhand den Besuch aus Deutschland, der am nächsten Morgen schon wieder über den Atlantik nach Hause reisen würde, zusammen mit Teresa, die unsere Obdachlosenarbeit leitet und als unsere Mitschwester in unserem Häuschen mitlebt, in meinen Jeep. Zu dritt arbeiten wir uns durch den Feierabendverkehr von Santiago nach Süden vor, ans andere Ende der Stadt.

Als wir vor dem kleinen Haus ankommen, warten die anderen schon auf dem Gehweg auf uns. Es sind eine Handvoll Leute, die jüngsten im Teenageralter, die ältesten schon lange in Rente. Sie scharten sich um ihren Priester, Pedro, der eine kleine christliche Basisgemeinde hier gegründet hat. Pedro nimmt seit Jahren an unseren Exerzitien teil, die wir einmal im Jahr eine Woche lang für ca. zweihundert Teilnehmer veranstalten. Sie alle sind Menschen, die für sich selbst die Wahl getroffen haben, ihr Leben an der Seite der Armen zu verbringen, sich auf diesem Weg reflektieren und ihre Verbindung zu Gott stärken wollen.

Pedro organisiert mit seiner kleinen Basisgemeinde seit vielen Jahren einmal in der Woche ein Essen für obdachlose Menschen. Teresa, die, bis sie zu uns kam, wenig Möglichkeit zur direkten Begegnung mit den Armen hatte, hat es sich daher zur Gewohnheit gemacht, diese Gruppe Woche für Woche zu unterstützen und dabei ihre eigenen Erfahrungen zu machen. Als der Staat dann mit der Bitte an uns herantrat, ihn mit einer Winternothilfe zu unterstützen, hat Teresa sich diese Aufgabe zu eigen gemacht. Daraus ist dann unsere ganze Obdachlosenarbeit entstanden. Jetzt sind wir es, die die Inspiration, die Ermutigung zurückgeben.

Schon letztes Jahr hatte ich die Idee, dass die Gemeinde von Pedro eine Winterherberge anbieten könnte. Aber Pedro konnte sich das nicht vorstellen: Wie sollte diese kleine Gruppe, die einmal pro Woche Essen richtet, jede Nacht und sieben Tage die Woche über den ganzen Winter eine Herberge betreiben? Dieses Jahr habe ich mein Glück wieder versucht und Pedro hatte mehr Mut gefasst. Daher sind wir heute hierhergefahren, um herauszufinden, ob die Gruppe sich dieser Aufgabe gewachsen sieht.

Von der Straße aus gehen wir an einem schmalen einfachen Glockenturm über einen engen, seitlich von einer Mauer begrenzten Weg zum Versammlungsraum der Gruppe. Es ist ein schwüler Abend, der Spätsommer hat noch Kraft. So gelangen wir über eine steile Stiege in einen drückend heißen kleinen Raum. Alle Fenster sind offen, aber das bringt keine Linderung. Der Raum ist kahl, fast nackt. Schäbig und fleckig erzählen die Wände vom Elend. Eine kalte Neonlampe funzelt vor sich hin. Immerhin hat sie genug Energie, um große, grässlich braune Schnaken in Scharen durch die offenen Fenster hineinzulocken. In der Mitte steht ein Tisch, darum herum ein paar Stühle. Fertig. Mehr gibt es hier nicht.

Wir werden geheißen, uns zu setzen und bloß keinen Finger zu krümmen. Die Gruppe ist in Hochstimmung, eine vibrierende Freude, die alles kontrastiert, was der Raum zu bieten hat, schwirrt durch die Luft. Es ist ein Freitagabend in der Fastenzeit. »Aber heute wird gefeiert, heute ist Karoline zu Besuch. Man muss die Feste feiern, wie sie fallen. Fastenzeit hin oder her, heute fastet hier niemand.« Alle nicken zustimmend, während sie das Beste auf den Tisch stellen, was ihre Kühlschränke und Geldbeutel hergegeben haben: schwere Mayonnaisesalate, Kuchen, Schokolade, Limonaden. Ein junges Mädchen hat eine Gitarre dabei. Pedro heißt sie ein Lied anstimmen: »*Vamos a realizar el proyecto de Dios* – lasst uns Gottes Projekt verwirklichen«, ein Lied, das hier schon oft gesungen worden ist und in dem es darum geht, dass die Erde für alle da ist, niemand in Armut darben sollte und dass mit den Händen von allen Gottes Reich auf der Erde Wirklichkeit wird. Der aufrichtige Wunsch nach einem guten Leben für alle Menschen erfüllt den eben noch so schäbigen Raum. Jetzt liegt Schönheit in der Luft.

Anschließend lesen wir zusammen das Evangelium des Tages und tauschen uns über die Botschaft Jesu aus, so wie es alle Basisgemeinden in ganz Lateinamerika machen. Schließlich ergreift Pedro das Wort, um zum eigentlichen Anlass der Versammlung an diesem Abend zu kommen: eine Herberge, die diese wenigen Menschen hier ins Leben rufen sollen. Pedro nennt das Projekt einen schönen Traum, einen *sueno bonito.* Und auch wenn ein Hauch mehr Zuversicht als Sorge aus seinen Worten sprechen mag, sind den anderen die Herzen noch schwer. Martha ist sicher schon über siebzig. Sie hat ein dickes Bein und kann nur mit einem Stock gehen. Stellvertretend für alle fragt sie: »Aber ist die Aufgabe nicht zu groß?«

Jetzt kommt Leben in Rosa und Carlos. Sie greifen in ihre Taschen, ziehen mehrseitige, vorbereitete Papiere heraus. »*Proyecto levantar un hermano* –, das Projekt, einem Bruder aufzuhelfen«, haben sie es genannt. Auf sechs engbeschriebenen Seiten haben sie an alles gedacht: Ziel, Vision, Zeitplan, Kosten, Ressourcen, alles ist ordentlich aufgelistet. Und schließlich haben sie noch einen Brief an den *Alcade*, den Bürgermeister der Stadtgemeinde, angeheftet. Eine Weile blättern alle in den Papieren. Als ich bis zu diesem Brief vordringe, springt mir das Datum ins Auge: Santiago, im Juni 2013. Überrascht schaue ich zu Carlos und Rosa. Rosa lächelt wissend, Carlos schelmisch.

»Hermana, wir hatten schon lange die gleiche Idee wie du, wir haben alles schon einmal durchgedacht und durchgerechnet. Aber dann haben wir uns die große Aufgabe doch nicht zugetraut.« Ich staune. Aber nicht allzu sehr, denn ich hatte während der Exerzitien schon die aufrichtige, entschiedene Kraft dieser Gruppe gespürt, die Kraft von Menschen, die es ernst meinen damit, die Entdeckungen, die Jesus den Menschen für ein gutes Leben beschrieben hat, im eigenen Leben auszuprobieren, selbst Erfahrungen damit zu sammeln, selbst zu schauen, ob oder wie sich das eigene Leben und das von anderen verwandelt, wenn man das Evangelium nicht für eine nette, aber leider utopische Geschichtensammlung hält, sondern für eine reale Möglichkeit, das eigene Leben danach auszurichten.

Als ich den beiden in die Augen sehe, weiß ich: Meine Aufgabe an diesem Abend ist schon erfüllt. Alles, was diese Gruppe gebraucht hatte, war ein bisschen Zuspruch, ein bisschen Ermutigung. Und die Zusage, da zu sein, falls sie nicht sofort auf eigenen Füßen stehen konnten, und dann erst einmal unter das Dach von »*Cristo Vive*« zu schlüpfen. Sie wollen, dass wir berichten, wie unser Weg in diese Arbeit gegangen war. Das war schon alles. Was jetzt kommt – die Anträge an die Stadt, ein Haus suchen, Menschen einstellen –, das würden sie alleine tun können. Als Pedro um Handzeichen bittet, wer das Projekt unterstützen will, weiß ich schon, was geschehen wird: Keine Hand wird unten bleiben. Genauso ist es dann. Und als die Gruppe ein wenig fröhlich, ein wenig feierlich das Schlusslied des Abends anstimmt (»*Buenas nuevas pa'mi pueblo* – gute Neuigkeiten für mein Volk«, der Refrain lautet: »Wer Ohren hat zu hören, der höre, wer Augen hat zu sehen, der sehe, was in der Mitte eines Volkes geschieht, das anfängt aufzuwachen«), weiß ich: Pedro und seine Mitstreiter waren schon lange aufgewacht. Jetzt hatten sie einen Entschluss gefasst, der nicht nur einem ihnen noch unbekannten Bruder, selbst nichts ahnend von seinem zukünftigen Glück, auf die Beine helfen würde. »*Levantar un hermano*« haben sie das Projekt ja genannt. Aber ich bin mir sicher, nicht nur einer, sondern viele würden von diesem *sueno bonito* von Pedro, diesem schönen Traum von einer Herberge, der an diesem Abend aufgewacht war, profitieren. Glücklich verabschiedete ich mich von den Geschwistern der kleinen Basisgemeinde und staunte wie so oft schon über die verwandelnde Kraft von Träumen, die wir uns trauen, gemeinsam zu träumen.

Man weiß nie, welche Kreise der kleine Kieselstein, den man selbst oder eine kleine Gruppe ins Wasser der Welt wirft, ziehen wird. Auch diese Gruppe kann nicht wissen, ob und wann sie wie für wen zum Segen werden wird. Die Kreise im Wasser sind voller Überraschungen. Manchmal, indem sich Strukturen ändern und das Leben von vielen Menschen lebenswerter wird. Manchmal, indem das Leben von einem Einzigen verwandelt wird, so sehr verwandelt, dass ich, wenn ich Zeugin einer solchen Entwicklung bin, aus dem Staunen gar nicht mehr herauskomme. Durch das Glück, das dieser Augenblick des Aufbruchs in mir generiert, taucht ein Gesicht vor meinem inneren Auge auf. Das Gesicht und die schier unglaubliche Geschichte von **Claudio**, in dessen Herz die Flamme nicht ausgegangen war.

Menschen brauchen Orte, um ihre Träume leben zu können

Es mag vielleicht acht Jahre her sein, dass mich Gustavo, der Leiter der Berufsschule, an einem Vormittag zusammen mit der Sozialarbeiterin der Schule eilig konsultieren wollte. Er brauchte meinen Rat, weil Claudio in unser Leben getreten war. Carlos, einem unserer Torwächter, war er zuerst aufgefallen. Claudio hatte an das kleine Torwächterhäuschen geklopft, Einlass und ein Gespräch mit dem »Präsidenten« verlangt. Nun, die Präsidentin, die Chefin, bin ich hier. Normalerweise kommen sie dann zu mir. Aber Carlos hatte gezögert. Schließlich war Claudio selbst für Menschen, die in den Armenvierteln viel an Härte gewohnt sind, eine Herausforderung: verwildert, ungepflegt, mit schwarzrandigen Finger und Füßen, zerlumpt und seinen starken, strengen Körpergeruch selbst schon lange nicht mehr wahrnehmend, stand Claudio da. Draußen stünde, dass es hier Berufsschulkurse gäbe, dass Arme hier einen Beruf lernen könnten, sagte er. Claudio trug sein Anliegen so entschieden vor, dass Carlos die Sozialarbeiterin der Schule holen ließ. Diese beriet sich mit Gustavo, dem Schulleiter, und schließlich riefen die beiden mich herbei.

»Hermana, was können wir tun? Claudio lebt oben am Kanal.« »Oje«, entfuhr es mir. »Am Kanal« leben, das war wirklich krass. Es bedeutete ein Leben mit noch weniger Schutz als in den Elendsviertel, die ich weiter oben beschrieben habe. »Am Kanal« hieß, noch nicht einmal im Schutz von Bäumen leben zu können. Hier waren nur Steppe und der ein oder andere Busch. An einen solchen legte Claudio sein Bündel. Meine Mitarbeiter schätzten ihn auf einundzwanzig Jahre. Er hatte ein Zuhause besessen, aber nach einem Konflikt waren dort alle Stricke gerissen. Irgendwann hatte seine Familie ihn rausgeworfen, und nun lebte er schon einige Zeit dort am Kanal. Alleine. Das ist die extremste Armut, die ein junger Mensch erleben kann. Wenn er tatsächlich zu uns wollte, konnte er dort nicht bleiben. Er musste sich in die Klasse integrieren, musste morgens pünktlich kommen und sich waschen können, um nicht so zu riechen. Unmöglich konnte er dort bleiben.

Gemeinsam suchte ich mit meinen beiden Mitarbeitern nach Möglichkeiten, ihm zu helfen. »Warum lassen wir ihn nicht in unserer Turnhalle schlafen?«, fragte ich die beiden. »Dort hätte er Zugang zu Dusche und Toilette.« An diese Möglichkeit hatten sie auch schon gedacht, denn die Klassenzimmer wären keine wirklich Option, sie haben keinen direkten Anschluss an sanitäre Anlagen. Die Turnhalle sollte es also sein. Vorher aber galt es, zwei Hindernisse zu überwinden: Einmal mussten die Torwächter gewonnen werden. Ohne ihr Einverständnis konnte niemand nachts in der Turnhalle bleiben. Zum anderen mussten die Torwächter, wie alle anderen in der Schule auch, davon überzeugt werden, dass Claudio alleine kam, also nicht als Vorhut einer kriminellen Gruppe. Als jemand, der sich bei uns einnistet, um dann nachts in Ruhe unsere Schule auszuräumen. Schließlich hat es einen Grund, dass wir Nachtwächter eingestellt haben. Zudem hatten wir kurz zuvor erst einer solchen Gruppe im letzten Moment das Handwerk gelegt. Sie hatten schon alles vorbereitet: sich in die Zimmermannsklasse eingeschrieben, und während der Lehrer die Klasse in Theorie unterrichtete, hatte einer von ihnen die Maschinen und Werkzeuge eingepackt. In der Nacht wollten sie alles abholen, als ein aufmerksamer Mitschüler uns warnte. Wer das war, durfte nicht bekannt werden. Schon die Lehrer wurden von den Mitgliedern der Gruppe mit dem Tod bedroht, als wir ihren Plan vereitelt hatten. Ich sprach mit ihnen und sie setzten die hässlichen Drohungen nicht um, aber gehen mussten sie natürlich, schon alleine wegen der anderen Schüler.

Als wir uns bei Claudio sicher sein konnten, dass er alleine und wirklich um zu lernen gekommen war, und auch die Torwächter gewonnen waren, installierten wir ihm eine gemütliche Ecke in der Turnhalle. Essen konnte er mittags bei uns, für morgens und abends reichte das, was der Staat uns an kargem

Stipendium für ihn gab, da nun für ihn keine Buskosten anfielen. Immer montags zahlten wir ihm wie allen Schülern sein Geld aus. So können die, die kiffen oder trinken, das Geld nicht am Wochenende ausgeben.

Die Bedingungen des Staates lassen mir immer die Galle überlaufen: Bezahlt werden wir nämlich nur für die Tage, die die Schüler auch anwesend sind. Dabei sind die Lehrer der teuerste Posten der Schule – und die müssen wir natürlich immer bezahlen, ganz gleich, wie viele oder wenige Schüler sie gerade vor sich sitzen haben. Dabei sind wir nichts Besonderes, an allen Schulen im Land ist es so geregelt, außer natürlich an der Universität, dort, wo der Student zahlen muss. Er muss immer zahlen, ganz gleich, ob er an diesem Tag kann oder nicht. Wir haben wirklich schlimmste neoliberale Bedingungen hier. Und das im Bildungssystem, wo es doch um unsere Kinder und Jugendlichen geht, um unsere Zukunft!

Claudio nahm unsere Bedingungen an. Der Lehrer war mit ihm zufrieden, weil er sich enorm anstrengte. Dabei ist es ihm nicht leichtgefallen, er musste so viel nachholen. Sogar während der zwei Monate Praktikumszeit hat er in unserer Schule gewohnt. Zur Entlassfeier habe ich ihn noch einmal gesehen. Wie er strahlte! Zumal er den Preis »de Esfuerzo«, den Preis für die größte Anstrengung überreicht bekam. Wir waren alle sehr glücklich. »Claudio, Claudio, Claudio«, skandierten seine Mitschüler, feierten ihn und seinen Erfolg wie eine gewonnene Meisterschaft. Claudio fand dann schnell Arbeit und sein Verdienst erlaubte ihm bald auszuziehen.

Ab und zu kam er mich besuchen. Er erzählte, welche Arbeit er hatte, und wollte sich bedanken. Das ist immer besonders schön, und so schickte ich ihn schnell zu seinen Lehrern weiter – die sollten davon erfahren! Zwei Jahre später suchte er mich auf, um mir zu erzählen, dass er sich an der Hochschule in einem Abendkurs Metallmechanik für ein Ingenieurstudium eingeschrieben hatte. »Fantastisch«, konnte ich nur staunend ausrufen. Tagsüber verdiente er sich die Studiengebühren, denn selbstverständlich musste er sein Studium bezahlen. Damals erzählte er mir auch, dass er heiraten würde und nun »so ein schönes Leben« habe. Ich war glücklich mit ihm. Vor ein paar Wochen kam Gustavo zu mir und fragte: »Hast du schon das Neueste von Claudio gehört?« »Nein«, ich schüttelte den Kopf. »Er war hier. Stell dir nur vor: Er ist in seiner neuen Firma, die ihn als Ingenieur angestellt hat, nun auch noch Gewerkschaftsführer geworden. Er will Kontakt zu uns halten und junge Leute, die nie eine Chance auf Ausbildung hatten, zu uns vermitteln.«

Und das alles nur, weil Claudio unser Schild an der Straße gesehen hat, auf dem steht, dass mittellose Menschen bei uns eine Ausbildung bekommen. Er hat es ernst genommen und durch die Hoffnung, die das Schild in sein Herz goss, hat er die Flamme, die darin immer noch brannte, hell aufflackern lassen. Er hat sich von unserem Traum von Bildung und Leben in Würde inspirieren lassen und dann seine Chance ganz und gar genutzt. Heute baut er anderen Brücken, ihre Chancen auf ein »schönes Leben« zu ergreifen.

Wer ein Modell hat, kann selbst aktiv die Welt gestalten. Wie stark ein solches Modell wirken kann, wird mir immer besonders deutlich, wenn ich darüber nachdenke, wie sich unsere Kindergärten über die Jahre nach und nach wie Perlen auf eine Kette gereiht haben, weil sie immer wieder neu Eltern Hoffnung ins Herz gesät haben, dass die Welt auch für ihre Kinder ein anderes Leben bereithalten könnte.

Ein verwirklichter Traum ist ein Modell, an dem andere für ihre eigenen Träume Maß nehmen können

Die Menschen in den Armenvierteln fingen an, mir zu vertrauen, als sie sahen, dass ich ihren Kindern helfen konnte. So wie dem kleinen Pedro, von dem ich ja schon erzählt habe. Von da an dauerte es nicht lange, bis die Frauen zu mir kamen und sagten: »Wir brauchen einen Kindergarten.« Und ich sollte die Kindergärtnerin sein! Aber dazu eigne ich mich nicht besonders. Nie werde ich die Tage vergessen, als die Mütter mir morgens die Kinder in die Hütte brachten, die wir als Kapelle und als Versammlungsraum errichtet hatten. Das war eine Notwendigkeit, denn sie mussten arbeiten, um überhaupt eine Chance zu haben, die Kinder zu ernähren. Aber in der Zeit ihrer Abwesenheit waren die Kinder, auch die kleinsten, den ganzen Tag sich selbst überlassen. Schon weil die Hüttchen offene Feuerstellen hatten, passierten dabei viel zu oft furchtbare, tragische Unfälle.

Damals hatten wir noch keine Fenster in der Kapelle, nur Holzklappen. Und kaum drehten die Mütter uns den Rücken zu, nachdem wir die Kinder in Empfang genommen hatten, sprangen diese durch die Klappen nach draußen. Es war zum Verrücktwerden. Ich war nur damit beschäftigt, die Kinder wieder einzufangen, und verging vor Sorge, dass ihnen in der Zwischenzeit etwas zustoßen könnte. Nein, Kindergärtnerin zu sein gehört wahrlich nicht zu meiner Berufung.

Zum Glück bekam ich bald die Unterstützung von Maruja, die gelernte Erzieherin ist und uns eigentlich nur eine Weile an die Seite gestellt werden sollte. Die kleine Weile dauert allerdings bis heute an. So entwickelte sich nach und nach aus diesem Provisorium ein regelrechter Kindergarten. Wir bauten Hütten für die Kinder und die Mütter wechselten sich unter der Anleitung von Maruja mit dem Kinderhüten ab. Wir begannen auch eine intensive Arbeit mit den Müttern und Vätern – das war uns von Anfang an wichtig, dass die Väter in die Erziehungsarbeit mit einbezogen wurden – zu allen relevanten Erziehungsthemen. Wie aus diesem allerersten Modell für einen Kindergarten nur kurze Zeit später der Kindergarten »*Jesus sol naciente*« entstanden ist, habe ich schon oben beschrieben. Und bis heute ist es so, dass die Entwicklung nicht aufhört. Heute betreuen wir in sieben Kindergärten und Krippen achthundert Kinder im Alter zwischen drei Monaten und sieben Jahren.

Die Entwicklung ist dabei wie bei einem Staffellauf immer durch die Eltern vorangetrieben worden, die sahen, dass andere Kinder betreut wurden und sich eine solche Chance ebenfalls für ihre Kinder wünschten. So war es zum Beispiel, als wir den Kindergarten »*Jesus sol naciente*« einweihten. Plötzlich stand an diesem Tag eine Gruppe von Eltern aus einem anderen Armenviertel vor uns. Sie hatten von der Einweihung gehört und traten so hartnäckig auf, baten mit so viel dringlicher Entschiedenheit um Hilfe, dass ich mich von dieser großen Not buchstäblich nötigen ließ und sie gleich an einem der nächsten Tage gemeinsam mit ein paar Kindergarteneltern aufsuchte.

Die Menschen lebten am Fuß eines der Vorgebirge der Anden. Ich weiß noch wie heute, wie verschlammt die Wege dort waren. Schließlich habe ich im Schlamm meine Schuhe verloren. Nun, diese Eltern waren wirklich wild entschlossen. Als wir bis zu ihnen durchgedrungen waren, hatten sie schon eine Holzhütte von sechs auf sechs Quadratmeter aufgestellt und etwa sechzig Kinder hineingepfercht. Die Eltern standen draußen – drinnen war kein Fitzelchen Platz mehr. »Da ist unser Kindergarten. Jetzt mach was daraus«, schienen ihre erwartungsvollen Minen zu sagen.

Diese Eltern waren auch bereit, mit anzupacken. Sie schickten uns Antonia aus ihrer Mitte, damit sie bei uns ein wenig lernen konnte, wie man mit Kindern umgeht. Später kamen noch eine zweite und dann auch eine dritte Frau aus dieser Siedlung dazu. Während sie bei uns waren, haben die anderen Eltern sie unterstützt, damit sie die Zeit zum Lernen bekommen konnten und ihre eigenen Kinder dennoch versorgt waren. Wir haben dann mit dreißig Kindern dort angefangen. Dann haben wir die Hütte vergrößert und als ich den Bürgermeister mitten in der Militärdiktatur bewegen konnte, der Gruppe ein größeres Stück Land zu geben, wuchs der Kindergarten weiter. Wir hatten zunächst fünfundsiebzig Kinder, dann einhundertfünfzig.

Jeden Morgen haben die Eltern Essen gesammelt für die Kinder und die Frauen, die nicht zur Arbeit gehen konnten, wenn sie auf die Kinder aufpassten. Antonia war da und eine andere Frau, die sich um die Küche kümmerte. Der Traum dieser Eltern hat sich aufs Wunderbarste verwirklicht. Mithilfe der Kindernothilfe Duisburg wurde es dann fast ein Modellkindergarten mit allem Drum und Dran. Auch heute, mehr als vier Jahrzehnte später, gibt es ihn noch, er ist ein Segen für die Kinder, die alle aus einer bitterarmen Siedlung kommen. Hier werden um die zweihundert Kinder betreut.

Vor gar nicht so langer Zeit ist aus diesem Kindergarten wieder ein neuer Ableger entstanden. In diesem Fall ist das Staffelholz von Dora weitergetragen worden. Dora kam damals mit ihren drei Kindern und half als Freiwillige in diesem Kindergarten mit, von dem ich gerade erzähle, damit sie selbst jeden Tag eine warme Mahlzeit bekommen konnte. Später absolvierte sie einen Kurs als Kindergärtnerin, der von »Brot für die Welt« und »Misereor« finanziert wurde.

Geschichten wie die von Dora machen mich immer besonders glücklich, wenn sich die Träume der Menschen mit den meinen verweben. Ich habe immer davon geträumt, nicht nur den Kindern, sondern auch ihren Eltern zu neuen Lebenschancen zu verhelfen. Doras Geschichte ist zum Glück kein Einzelfall!

Dora arbeitete noch einige Jahre nach ihrer Ausbildung im Kindergarten »*Campanita*«. Inzwischen ging es ihrer Familie besser: Doras Mann hatte Arbeit gefunden, und schließlich bot der Staat der Familie eine Sozialwohnung in der südlichen Stadtgemeinde »*La Pintana*« an, die durch die Umsiedlungen in der Diktatur unter Pinochet entstanden war. Eine kleine Siedlung war so von 20 000 auf 200 000 Einwohner angewachsen. Dora bekam dort ein kleines, festgebautes Häuschen und gründete gleich eine Art Mütterverein.

Inzwischen schrieben wir das Jahr 1999. Sie rief mich immer wieder an, dass sie unbedingt ein Gespräch mit mir haben wolle und dass es dringend sei. Ich erinnerte mich nicht mehr so ganz an sie, aber sie bestand darauf, dass ich sie kenne. Am Ende kam sie mit drei oder vier Frauen zu mir und bestand darauf, dass ich sie in »*La Pintana*« besuchen müsse. Als ich mich dann auf den Weg zu ihr machte, bin ich sehr lange in der Siedlung herumgeirrt, um ihr Haus zu finden, sodass ich erst um halb acht dort ankam. Obwohl es so spät war, turnten noch Kinder bei Dora herum. Die Mütter kamen nach und nach und holten ihre Kinder ab. So habe ich Dora wiedergetroffen.

Ihr großer Traum war ein richtiger Kindergarten. Sie hatte schon mit den Müttern und der Stadtgemeinde Kontakt aufgenommen. Das wusste sie von ihrer Zeit bei uns. Sie hatten auch tatsächlich einen Ort dafür gefunden, wo eine Bauruine stand: ein Gemeindezentrum, das nicht zu Ende gebaut worden war. Sie hatte das Angebot bekommen, hier etwas tun zu können. Zusammen haben wir uns die Ruine dann angeschaut. Dora war bereit, mit der Stadtgemeinde zu verhandeln. Der Zeitpunkt war günstig, es hatte gerade Wahlen gegeben, und der neue Bürgermeister war offen für das Projekt. Dora hatte Glück, die Ruine wurde von der Stadt provisorisch zu Ende gebaut, bekam zum Beispiel wenigstens ein Dach, und neben die Ruine wurde eine Hütte gebaut. Im Jahr 2000 konnten wir dann schon den Kindergarten eröffnen, das Erziehungsministerium gab uns Geld für sechzig Kinder, die zwischen Hütte und provisorisch eingerichteter Ruine betreut werden konnten. Das war der Anfang des Kindergartens »*Tierra de niños*« (wörtlich übersetzt heißt das »Erde«, im Sinne von der Welt der Kinder), der heute 145 Kinder aufnimmt und noch dazu eine kleine Kinderkrippe besitzt. Unsere Prinzipien greifen auch hier wieder: Es gibt viel freiwillige Elternarbeit. So kann der Kindergarten bessere Angebote machen und wir können die Eltern pädagogisch fortbilden, sowohl in der Elternarbeit als auch in richtigen Kursen, in denen die Eltern aus der Siedlung zu pädagogischen Hilfskräften ausgebildet werden. Diese Fortbildungen waren allerdings auch eine Auflage des Staates, nur so durften wir die Mütter einstellen, die Dora von Beginn an um sich gesammelt hatte.

Den ersten, sozusagen den Ursprungstraum träumten die Eltern in meinem ersten Armenviertel, den »*Areas Verdes*«. Sie träumten ihn, weil sie wollten, das keines ihrer Kinder mehr tödlichen Gefahren ausgesetzt war, nur weil sie selbst den ganzen Tag arbeiten mussten, damit dieselben Kinder nicht vor Hunger sterben. Aus diesem ersten Traum entstanden die Suppenküche im Pferdestall und ein Kindergarten in der Holzkapelle. Wie eine Vergissmeinnichtblüte durch den Wind seinen Samen über den Garten verstreut, so hat sich dieser Traum in die Herzen von vielen Eltern gesät: Sonya trug ihn in die Siedlung »Angela Davis«, andere Eltern an den Fuß der Anden, Dora nach »La Pintana«. Immer wieder neu ist der Samen aufgegangen. Seine Blüten geben heute Kindern an so unterschiedlichen Stellen in Santiago Geborgenheit, Sicherheit und Entwicklungsmöglichkeiten.

Es ist ein Geheimnis, wie sich die Samen aussäen oder wie weit sie vom Wind getragen werden. Wer heute unseren Kindergarten *»Naciente«* besucht, der sieht nicht nur ein großes, buntes Gelände, auf dem 260 Kinder im Alter von zwei bis fünf Jahren spielen. Er sieht auch ganz in der Nähe des Eingangs eine von Kindern umlagerte, hinreißende Burg aus Holz. Sie sieht aus wie eine auf Disneylandformat geschrumpfte Spielburg, wie sie in Europa auf Abenteuerspielplätzen zu finden sind. Und genau wie ihre großen Vorbilder auch, würde diese Miniausgabe jeder Prüfung eines deutschen Spielplatz-TÜVs standhalten: eine schwankende Hängebrücke, starke, mit Metall verankerte Taue, Stahlstangen zum Hochklettern, hölzerne Zinne. Diese Burg lässt keine Kinderwünsche offen.

Aber sie macht nicht nur die Kinder glücklich. Die Handvoll junger Leute, die sie gebaut hat, ebenso. Um die fünfzig junge deutsche Freiwillige nehmen wir jedes Jahr auf. Meistens haben sie gerade ihre Schulzeit hinter sich gebracht und wollen sich ein Jahr lang ganz neue Luft um die Nase wehen lassen. Sie arbeiten in unseren Einrichtungen mit, erleichtern uns die Arbeit, machen ihre Erfahrungen und lernen sich selbst ganz neu kennen. Sie setzen sich intensiv mit Land und Leuten und sich selbst auseinander und denken gemeinsam über Themen wie »wo dein Schatz ist, ist dein Herz« nach. Oft sammeln sie schon zu Hause Gelder, weil sie während ihres Aufenthaltes ein ganz eigenes Projekt realisieren wollen.

Die kleine Gruppe, die im *»Naciente«* arbeitete, hatte davon geträumt, eine Burg für die Kinder zu bauen. Als diese am Ende der chilenischen Sommerferien Anfang März in ihren Kindergarten zurückkamen, war die Überraschung perfekt: Eine hölzerne Burg erwartete sie. In der Zwischenzeit hatten die Jugendlichen von ihren vorher gesammelten Spenden das Material gekauft, die Pläne gezeichnet und in den Werkstätten unserer Berufsschule ins Leben gebracht. Zwischendurch habe ich mir beim besten Willen nicht vorstellen können, dass es ein gutes Ende nähme. Ich wurde eines Besseren belehrt. Natürlich haben diese kreativen Köpfe sich damit noch nicht zufriedengegeben. Sie haben außerdem ein kleines Theaterstück geschrieben, in dem Drachen, Ritter und Burgfräuleins auftreten. Bis zur offiziellen Einweihung der Holzburg haben sie das mit den Kindern einstudiert. Ganz ehrlich, ich weiß nicht, wessen Augen heller leuchteten, die der Kinder oder die der Jugendlichen.

Wie diese Jugendlichen überhaupt auf uns kommen, von uns erfahren? Nun, der Webrahmen, in den sich unsere Träume weben, ist weit aufgespannt. Er steht auf beiden Seiten des Atlantiks. Früher zogen Schiffe zwischen den Kettfäden hin und her, heute sind es Flugzeuge. Wie auch immer: Sie transportieren die Samen. Von alleine finden diese die Träume, die im Herzen von Menschen auf der anderen Seite des Atlantiks wohnen – und schon webt sich ein neues Muster, ein neuer Traum. Das kann eine kleine hölzerne Burg sein. Das kann aber auch realer Samen sein, der zu großen schattigen Bäumen wird, die am Rande des Gesundheitszentrums für lindernde Kühle sorgen und unter denen die Kinder heute spielen – und zu Tausenden jedes Jahr den Menschen Früchte schenken. Meistens Aprikosen. Das wiederum hat mit Apfelsinen zu tun.

Gelebte Träume sind wie eingepflanzte, fruchttragende Samen

Nie werde ich diesen Moment vergessen: Ich saß im Dunkeln und in der Kälte der Nacht in meinem ersten Häuschen. Wir hatten keine Fenster, nur Holzklappen, die mussten gegen die Kälte geschlossen sein. So hatte ich kaum Licht, um den Brief von **Johanna**, einer Studentin aus Deutschland, tief in der Nacht zu lesen, als ich endlich ein paar Minuten für mich auf meinem Bett hatte. Tagsüber diente es als Untersuchungsliege für all die Kranken, die an unserer Türe Hilfe suchten. Im Finstern konnte ich Johannas Brief, der auf blaues Papier geschrieben war, fast nicht lesen. »*Nach unserer Begegnung in Göttingen*«, schrieb sie, »*habe ich über unseren Reichtum nachgedacht. Und gefunden, dass ich zehn Prozent von diesem Reichtum abgeben kann. Ich verstehe das als eine Selbstbesteuerungsaktion. Neunzehn andere Studenten haben sich dieser Aktion angeschlossen. Wir bekommen jeder zweihundertfünfzig Mark Bafög. Deswegen schicken wir dir jetzt jeden Monat fünfhundert Mark.*« Eine Selbstbesteuerungsaktion. Zehn Prozent von ihrem Reichtum. Ich wusste, dass schon ein Zimmer im Studentenheim einhundertzehn Mark kostete, das hatte meine Freundin Annemarie, die ich 1973 in Göttingen besuchte, mir erzählt. Langsam sickerte in mein Hirn, was ich da las. Das Begreifen ging einher mit einer gewaltigen Erschütterung in meinem Herzen. Diese Solidarität ging mir durch Mark und Bein. Und sie sollte uns über Jahre weiter geschenkt werden. Als Johanna heiratete und zusammen mit ihrem Mann als Lehrer in Berlin arbeitete, schickten sie uns mindestens zwei oder drei Jahre lang die Hälfte ihres Lohnes. Irgendwie hatte ich den Traum in ihren Herzen berührt, den sie von einer anderen Welt hegten.

Göttingen – die Stadt ist bis heute wie ein Brutkasten für das Verwirklichen von Träumen. In zwei Gemeinden, der Studentengemeinde und in St. Paulus, war ich damals eingeladen. Es ist, als hätte ich ein Kieselsteinchen mit diesem Besuch ins Wasser geworfen, das bis heute immer neue Wellen schlägt. Es gibt zum Beispiel heute dort immer noch die Aktion »Eine Apfelsine für die Karoline«. Das heißt: Im Advent verkaufen Menschen diese Apfelsinen, ich glaube für einen Euro das Stück, um Spenden für unsere Projekte zu sammeln. Da ich mit meinem blauen Trägerrock immer leicht wiedererkannt werde, passiert es mir in Göttingen am Bahnhof, in der Fußgängerzone, auf der Straße nicht selten, dass Menschen auf mich zukommen und sagen: »Sind Sie nicht die Karoline mit der Apfelsine?« Aber ja, das bin ich! Die Idee zu dieser Aktion hatte Charly, mit dem ich 1973 bei meinem Besuch ebenfalls gesprochen hatte. Wie so viele andere ist er unserer Arbeit immer verbunden geblieben und hat auf diese Weise an seinem Traum von einer anderen Welt festgehalten und immer weiter gearbeitet. Nicht nur, dass er über die Jahrzehnte als Lehrer immer wieder Jugendliche inspirierte und Aufgaben in unserem Verein übernahm. Schließlich ist er in seinem Ruhestand zusammen mit seiner Frau Gabi zu einem unserer Projekte nach Bolivien gekommen und hat dort viele Monate gearbeitet.

Aus der charmanten Apfelsinenaktion ist der Jugendfreundeskreis Göttingen entstanden, seinerseits verbunden mit dem Göttinger Freundeskreis. Er bestand aus Professorenfrauen, die sich karitativ betätigen wollten. Und ich wurde das Ziel ihres Einsatzes. Irgendwann kamen Freunde aus Hannover zu Besuch und ließen sich von den Apfelsinen inspirieren. Bärbel aus Hannover hatte die Idee: Jede Frucht, die man kauft, ist eine Spende für einen Baum in Chile. Zehntausende Bäume haben wir seit damals pflanzen können – Schatten und Früchte für so viele Menschen. Und eine Menge Aprikosenmarmelade, die wir immer zur Weihnachtszeit kochen. Bärbel konnte es nicht wissen, aber als ganz junge Schwester wehrte ich mich innerlich gegen asketische Züge im Klosterleben, konnte und wollte nicht begreifen, dass uns Schwestern nur einige wenige Aprikosen aus dem Klostergarten in die Hand gegeben wurden. So stahl ich mich zur Rosenkranzgebetszeit in eben diesen Garten, betete unter den Aprikosenbäumen, pflückte mir welche und wünschte mir, dass alle Menschen, vor allem die Armen, die ich schon kennengelernt hatte, so viele Aprikosen genießen können, wie sie nur wollen. Natürlich hatte ich nie von diesem Traum erzählt. Aber als Bärbel mir das erste Geld für Baumsetzlinge überwies, wusste ich, dass er seinen Weg in ihr Herz gefunden hatte.

Der Hannoveranische Freundeskreis wurde ein Ableger des Göttinger Freundeskreises. Über die Jahre hat er Handarbeiten unserer Frauen im Wert von über 75 000 Euro verkauft. Und das sind nur zwei Beispiele für die Initiativen von Menschen, die uns ihre Herzen öffnen. Unmöglich könnte ich hier alle erwähnen, die von Norden bis Süden, von Westen nach Osten in ganz Deutschland, in Österreich, Luxemburg und der Schweiz für uns arbeiten. Ich bin mir sicher: Würden wir einmal eine Karte davon zeichnen, sie wäre überzogen von einem Netz, wie Adern einen Organismus durchziehen. Dabei träumen sich die Träume immer weiter. Und manchmal werden sie auch von einer Generation zur nächsten vererbt. So verbringt der junge Medizinstudent David gerade in unserem Gesundheitszentrum seine Famulatur, weil er Empathie für seine späteren Patienten lernen möchte, sagt er, als ich ihn nach seiner Motivation befrage. Ich kenne ihn von klein an: Schon seine Mutter Michaela war vor ungefähr dreißig Jahren eine der ersten Freiwilligen, die ein Jahr mit uns lebten.

Damit schließt sich der Kreis zur Burg auf dem Hof unseres Kindergartens »*Naciente*« und den Freiwilligen. Alle Träumer zusammen, auf beiden Seiten des Atlantiks, haben die Orte geschaffen, an denen Kinder, Kranke, Süchtige, Menschen mit Behinderungen und Auszubildende neue Impulse für ihr Leben bekommen haben. Wie sehr wünsche ich mir immer, dass alle Menschen, die Fäden in diesem Webrahmen der Liebe mitgesponnen haben, erleben können, was ihre Fäden jeweils bewirken, wie sie Leben verändern, für Bildung, Gesundheit und Würde sorgen.

Ich selbst bekomme so viel Dank, so oft erzählen mir Menschen, wie sehr sie wertschätzen, was sie bekommen haben. Ich wünsche mir, dass alle Menschen die Früchte ihres Handelns ernten können. Es nährt die Kräfte, wenn man die Wirkungen des eigenen Handelns erfährt, und hilft, sich noch mehr einzusetzen.

Natürlich ist ein solches gemeinsames Träumen nicht immer so harmonisch, wie es jetzt aus der Vogelperspektive und im Zeitraffer betrachtet aussehen mag. Natürlich haben wir viele Konflikte und Auseinandersetzungen zu bewältigen. Aber das weiß jeder, der je versucht hat, eine Bürgerinitiative zu gründen, in einer Pfarrgemeinde ein Projekt am Leben zu erhalten oder in einer Wohngemeinschaft nach gemeinsamen Idealen lebt. Konflikte sind untrennbar mit Träumen verbunden. Und so wie uns nachts unsere Träume aufsuchen und sich dabei manchmal in Albträume verwandeln, ergeht es den Träumen unserer Herzen nicht anders.

Nachts: Wer seine Träume träumt, lernt leben

Nicht alle Träume erfüllen sich

Einer meiner Träume hat sich bis heute nicht erfüllt. Ob er es noch tun wird? Niemand weiß es. In diesem Traum sehe ich immer, wie auf der dunklen Landkarte der Armenviertel überall Sterne zu leuchten anfangen. Immer dort, wo sich eine kleine Brüder- oder Schwesterngemeinschaft inmitten der Armen niederlässt, die Wahl trifft, ihr Leben an der Seite dieser Menschen zu verbringen, die wie Gottes vergessene Kinder ins Elend geboren werden und kaum aus eigenen Kräften hinausfinden können. Warum ich mir das wünsche? Weil ich weiß, dass diese Art zu leben nicht nur für mich eine Lebenserfüllung ist. Dieses Leben ist eine Berufung. Eine Art innerer Traum. Und eine Berufung gibt man sich nicht selbst. Sie kommt von tief innen. Es ist ein Ruf Gottes im Herzen. Und wenn du diesen Ruf nicht spürst, dann kannst du diese Art zu leben nicht durchstehen.

Ich habe geträumt von vielen kleinen Wohngemeinschaften, die zusammenleben und das Reich Gottes verkünden, vor Ort auf die Nöte der Menschen antworten, so wie Jesus es uns gezeigt hat, die Kranke heilen, die Bedürftigen begleiten, mit ihnen zusammen Lösungen für ein besseres Leben suchen. Dieser Traum hat sich nicht erfüllt. Aber er hat sich verwandelt. Er ist zwar immer noch da, aber heute mehr als eine Art Wunsch, weil ich mir vorstellen kann, dass viele Menschen auf diesem Weg ihr persönliches Glück finden könnten, ein größeres, als die Wege der Welt normalerweise zu geben vermögen. Schon lange denke ich: Die Erfüllung dieses Traumes versagt sich mir gar nicht – unter der Voraussetzung, dass ich akzeptiere, dass der Traum sich verändert, verwandelt hat. Es hat sich etwas Neues eröffnet, das ich in all diesen Jahren beobachten konnte: Freiwillige, Ehrenamtliche aus allen Ländern und sozialen Schichten und Berufe haben angefangen, mitzuarbeiten. Beispielsweise ganz zu Beginn die deutschen Lehrer, die in Santiago an der deutschen Schule unterrichteten: Sie haben unglaublich viele Arbeiten in den Armenvierteln übernommen, vom Hüttenbauen über Essen Kochen bis hin zum Kleidung Auftreiben. So haben sich immer Menschen gefunden, die ihren Teil der Arbeit übernehmen wollten, die den Traum, den sie im Herzen trugen, mit dem meinen für kürzere oder längere Zeit oder das ganze Leben verbanden. Juristen, Mediziner, Lehrer, Unternehmer, Sozialarbeiter, Therapeuten, Journalisten, Handwerker, Theologen, Künstler. Ganz junge Menschen, die am Anfang ihres Lebensweges stehen, oder Menschen, die das aktive Arbeitsleben schon hinter sich gebracht haben. Und alle Alter dazwischen auch. Männer und Frauen, Priester, Laien, Ordensschwestern. Es sind sicher Zehntausende, die sich in Chile, Bolivien, Peru, Deutschland, Luxemburg, der Schweiz und Österreich mit uns verbunden haben. Nur mit allen zusammen konnte entstehen, was entstanden ist. Aber dazu musste ich auch eine Botschaft meiner Träume verstehen: Meine Träume sind nur meine Träume. Andere Menschen haben andere. Selbst in unserer kleinen Schwesterngemeinschaft.

Mein Traum ist nur mein Traum

Im Dezember 1973, nach meinem Austritt aus dem Orden und der Rückkehr ins mittlerweile von einer Militärdiktatur beherrschte Chile, haben wir eine kleine Schwesterngemeinschaft, die »*Comunidad de Jesu*«, gegründet. Anerkannt vom Erzbischof, haben wir unsere eigenen Regeln. Dazu gehören die klassischen Regeln der Orden, also ehelos und arm zu leben. Für uns aber war es wichtig, in der Armut noch einen Schritt weiterzugehen: Nicht nur, dass wir persönlich arm leben wollen. Wir wollen das auch als Gemeinschaft. Unsere Schwesterngemeinschaft will den Menschen dienen und die frohe Botschaft verkünden. Und sie will dazu keine eigenen sozialen Werke aufbauen, keine eigenen Werke besitzen, für die sie dann institutionelle Verantwortung tragen müsste. Anders als viele Orden oder Gemeinschaften – Ursulinen betreiben Schulen, Jesuiten Universitäten und Schulen usw. – wollen wir zum Beispiel keine Schulen oder Kindergärten oder Ähnliches besitzen. Wir haben nicht einmal eine Poliklinik. Eine solche würden wir immer nur außerhalb der Gemeinschaft gründen. Dafür gibt es verschiedene Gründe. Institutionen bedeuten eine langwierige Verantwortung. Schulen brauchen Lehrkräfte, eine Verwaltung. Was ist, wenn es in der Gemeinschaft keine Person mehr gibt, deren Berufung es ist, Lehrerin zu sein? Wenn jemand nur deshalb in die Verwaltung gehen muss, weil die Arbeit dort eben gemacht werden muss? Dann muss er eine Aufgabe übernehmen, zu der er keine Lust und keine Berufung hat. Man kann das mit dem Gehorsam, den man Gott schuldet, begründen. Und so wurde es ja oft auch getan. So oft wurden Menschen den Werken mit der Erklärung geopfert, der liebe Gott gäbe schon die Gnade dazu. Aber das wollten wir nicht. Wir wollen, dass jedes Mitglied unserer Gemeinschaft nach seiner inneren Berufung und seinen Fähigkeiten arbeiten kann. Das ist der eine Grund.

Der andere ist, dass Besitz die Menschen und den Blick der Menschen auf eine Gemeinschaft verändern. Da kann man noch so oft sagen: Wir selbst, wir Schwestern, sind mittellos. Das wird aber von außen nicht mehr so wahrgenommen. Die

Menschen denken dann: Die Gemeinschaft ist reich. Und schließlich haben Institutionen noch einen weiteren, in meinen Augen bedeutenden Nachteil: Irgendwann werden die Werke ein Machtinstrument, etwas, mit dem man Einfluss ausüben kann. Das widerspricht allem, was ich von Jesus gelernt habe, und allem, was ich selbst leben möchte. Ein letzter Grund ist der: Solange wir als Schwestern keinen Besitz haben, können wir immer von unserer Hände Arbeit leben. Ich könnte immer Toiletten putzen oder irgendeine andere Arbeit annehmen, ich bin nie darauf angewiesen, dass unsere Werke Geld abwerfen, damit wir leben können. Und ich muss auch kein Geld erwirtschaften, um die Werke am Leben zu erhalten.

So steht es in unserer Regel – und so will ich es halten. Aber dann hat sich unsere Arbeit auf Bolivien ausgeweitet. Erst mit zwei deutschen Schwestern, Annemarie Hofer und Edith Petersen, die beide am Ende ihrer aktiven Zeit des Berufslebens noch einmal ganz neu anfangen wollten. Mit Annemarie war ich zusammen ins Noviziat bei den Steyler Schwestern eingetreten, sie hatte den Orden vor mir verlassen. Nun fanden wir wieder zusammen. Sie suchte eine ganz neue Aufgabe und fand diese in Bolivien. Edith schloss sich ihr an, und bald fanden sich auch einheimische junge Frauen, die nicht nur mitarbeiten, sondern die auch den Weg der Gemeinschaft, der »*Comunidad de Jesus*«, mitgehen wollten.

Ein medizinisches Hilfsprogramm für Arme weitete sich bald aus durch Dienste im Gefängnis und in zwei Andenregionen, wo zusätzlich ein Internat für Kinder aus entlegenen Bergdörfern entstand, damit sie eine Schulbildung erhalten konnten. Und damit kam es zu den Schwierigkeiten, von denen ich hier berichten will.

Bei den Verantwortlichen in Bolivien wuchs immer mehr der Wunsch, als Institution auch eigene Werke zu haben.

Natürlich spielt das Ansehen auch in der Welt der Orden und Gemeinschaften eine Rolle. Und keine Werke zu haben kann dazu führen, dass man im Vergleich mit anderen nichts vorzuweisen hat. Ich glaube, wir haben gute Gründe, warum wir unsere Regel verfasst haben, wie wir sie verfasst haben. Aber in Bolivien gab es andere gute Gründe. In der Diskussion traten viele Spannungen zutage. Und glaubt mir, ich habe nichts unversucht gelassen, um den Standpunkt unserer »*Comunidad de Jesus*« deutlich zu machen. Ich träume von einer Gemeinschaft, die das totale Vertrauen in Jesus lebt, auch in der Zukunft, von einer Nicht-Macht, die auf jeden Besitz verzichtet. Der heilige Franziskus hat seine Gemeinschaft so gegründet, dass nicht einmal die Klöster den Brüdern gehören. Dieses Prinzip ist auch mein Ziel, mein Ideal, mein Traum. Ich will durch unser Leben ein Zeugnis verkünden.

Aber das Bedürfnis der Schwestern in Bolivien war ein anderes. Auch der zuständige Erzbischof sah die Dinge anders. Er nahm wahr, dass es den Schwestern ein Bedürfnis war, ihre Werke zu besitzen. Dafür, so fand er, könne man die Statuten ändern.

Ich habe für meine Überzeugung gekämpft, aber irgendwann gedacht: Es ist nicht meine Verantwortung. Letztlich trägt der Bischof die Verantwortung. Und letztlich bin ich nicht die bolivianischen Schwestern. Ich habe nicht ihr Leben gelebt, musste nicht ihre Demütigungen aushalten, bin nicht in ihrer Armut groß geworden, musste nicht darauf verzichten, in der Gesellschaft, der Gemeinschaft dazuzugehören. Ich bringe nicht die ganze Einfühlung mit, die notwendig wäre, um die Schwestern zu verstehen. Sie hatten das Bedürfnis, dass sie gestärkt werden, dass sie etwas in den Händen halten, das vorzeigbar ist. Daher ist es jetzt so, dass die Schwestern auch Eigentümer ihrer Werke in Bolivien sind: ein Schülerwohnheim, ein Haus für junge Leute und eines für Menschen mit

Behinderungen. Das ist nicht mein Traum. Mein Traum ging nur bis dahin. Aber natürlich dürfen sie ihren Traum, ihre Vision leben. Dann aber eben eigenständig, nur lockerer mit mir verbunden. Wir bleiben Freunde.

Den Traum der Machtlosigkeit darf ich anderen nicht aufzwingen, so wie ich niemandem einen meiner Träume aufzwingen darf. Ich träume von Freiheit. Das gilt für alle. Sonst wäre es keine Freiheit. Ich kann andere Menschen nur begleiten. Wenn jemand meinen Traum nur zum Teil mitträumt, dann ist das so. Jeder hat das Recht dazu. Nur ist das dann nicht mehr unsere Gemeinschaft, denn sie wird sich nicht ändern, weil andere nur einen Teil des Traumes mitleben wollen. Doch wir sind natürlich genauso frei, unseren Traum so zu träumen, wie wir ihn in unseren Herzen tragen.

Verzicht und Opfer gehören zu jedem Traum

Seinen Traum leben, seinen Traum verwirklichen – wer das wirklich will, und zwar nicht nur dann, wenn man mit Freunden zusammensitzt, die Sonne scheint, das Leben schön ist und man Pläne schmiedet, sondern auch wenn es schwierig wird, der soll sich all das, wovon er träumt und was er im Leben noch erleben möchte, in allen Farben und Formen ausmalen. Bunt und konkret träumen. Das gehört unbedingt dazu. Verbietet euch nichts, denkt groß, erlaubt euch alle Ideen – im ersten Schritt.

Aber vom Träumen allein ist noch kein Traum lebendig geworden. Damit ein Traum ins Leben kommt, braucht es Entschiedenheit. Und ohne Verzicht und Opfer geht es nicht. Nie. Für mich gehört das, was es braucht an Verzicht oder an Opfer, eben dazu, um einen Traum Wirklichkeit werden zu lassen. Wer einen Marathon laufen will, muss trainieren. Wer Geige spielen möchte, muss üben. Und wer einen Traum leben will, muss sich auf seinen Traum konzentrieren.

Wer zum Beispiel die Ausbildung bei uns in der Krankenpflegeschule durchstehen möchte, muss sich auf eine harte Zeit einstellen. Da gibt es keine Feten mehr, kein Wochenende. Der Staat verlangt eine Ganztagsausbildung, die jeder durchziehen muss: ganze Tage, alle Tage, auch Samstag und Sonntag. Wir tun, was wir können für die jungen Frauen, die sehr oft schon sehr früh Mütter geworden sind. Wir verlängern dann die Öffnungszeiten im Kindergarten, sodass sie bis um halb acht ihre Kinder bei uns lassen können. Aber am Samstag und Sonntag bleibt das Problem, sobald die Mütter im Praktikum sind. Andere Mütter oder Mitarbeiter aus dem Kindergarten sind dann bereit, die Kinder für ein Wochenende zu nehmen. Maruja hat jetzt für zwei junge Frauen jemanden bezahlt, damit er die Kinder dieser Schülerinnen während ihres Praktikums betreut. Aber auch wenn es ein ganzes Geflecht von Hilfestellungen gibt – ohne diese ging es nicht, ohne diese bekämen die Frauen keine Chance –, so bleibt es doch für viele der Schülerinnen eine enorm harte Zeit, an deren Ende aber die Erfüllung eines Traumes steht: eine abgeschlossene Ausbildung, eine Arbeit, ein Lebensunterhalt. Die Freiheit, auf eigenen Beinen zu stehen, für sich und seine Kinder sorgen zu können. Die Mühe lohnt sich.

Wie immer, wenn es um unsere Träume geht: Am meisten profitieren wir selbst davon. Weil wir das tun, wozu wir auf diese Welt gekommen sind. Nichts macht glücklicher. Und nichts bringt mehr Segen. Selbst in den Zeiten, in denen das Träumen schwer wird.

»Hier riecht es so süßlich!«, wundern sich immer wieder einmal Besucher aus Deutschland bei mir zu Hause, vor allem, wenn wir gegen Abend die Fenster weit offen stehen haben, um frische Luft herein zu lassen, die dann aber in der Tat nicht selten süßlich riecht. »Tja, dann warst du noch nie im Grachtenviertel in Amsterdam unterwegs«, versuche ich dann manchmal zu scherzen, obwohl mir nicht nach Scherzen zumute ist. Dass die Jungs und jungen Männer, die auf den Stufen meiner Haustreppe sitzen, Drogen nehmen, ist eine viel zu bittere Wahrheit für Scherze.

Sie sind vielleicht unsere größten Feinde, die Drogen. Es ist zum Verrücktwerden: Wenn die Kinder aus der Schule entlassen werden, sind sie dank der neoliberalen Wirtschaftsideologie, die selbst aus den Schulen Unternehmen macht, mit denen ihre Besitzer Geld verdienen, in der Regel vielfach betrogen worden, weil gerade am Unterricht in den Schulen der Armenviertel so viel gespart wird, dort Lehrkräfte, die selbst keine Ausbildung haben, eingesetzt werden und Klassen mit fünfzig oder mehr Kindern bestehen, haben die Schulabgänger nur auf dem Papier eine Ausbildung. In Wirklichkeit haben sie gerade einmal elementares Wissen erworben, mit dem sie nirgendwo konkurrenzfähig sind. Und auch, wenn unsere Berufsschule zum Modell für Chile werden soll, hilft das den Jugendlichen, die jetzt aus der Schule kommen, nicht. Ihnen bleibt nur die Straße. Und die hat ihre ganz eigenen Gesetze. Schnelles Geld und Drogen inklusive.

Und da sitzen sie dann, zum Beispiel mit dem Rücken an die Tür unseres Häuschens gelehnt, denn anders als alle anderen Häuser haben wir keinen Zaun um unser Grundstück gezogen, jeder kann direkt zur Tür kommen. Oder sich eben davor setzen.

Wie soll man dieses Elend nur immer konfrontieren? Wenn ich etwas zu sagen hätte – die Drogen würden sofort legalisiert. Nicht, weil ich ihre Gefährlichkeit nicht sähe, wirklich nicht, sondern weil der illegale Markt sofort zusammenbrechen würde, die astronomischen Preise einbrächen, Dealer nichts mehr damit verdienen könnten. So wie es beim Alkohol ist. Er ist ebenso ein Suchtmittel, der genauso viel Elend verursacht, aber wenigstens nicht auch noch ein kriminelles Kartell unterhält.

Nun, ich habe nichts zu sagen. Ich bin nur mit den Folgen konfrontiert, die aus unserer Arbeit eine Sisyphusarbeit macht oder einen Kampf gegen einen vielköpfigen Drachen. Ein ziemlich hoffnungsloses Unterfangen, an dessen Aussichtslosigkeit sich die Kraft unserer Träume beweisen muss. Ich habe Verständnis für jeden, den diese Aussichtslosigkeit schier erdrückt, so wie ich in der Diktatur Verständnis für jeden hatte, der die Angst nicht mehr aushalten konnte, die existenzielle Bedrohung, das eigene Leben zu verlieren.

Damals hatten sich unserer kleinen Gemeinschaft Barbara und Charo als Schwestern angeschlossen. Sie erkannten, dass sie für dieses Leben in Angst und Schrecken nicht gemacht waren. Daran ist nichts falsch, es ist im Gegenteil für Menschen, die für andere da sein wollen, sogar besonders wichtig, sich gut zu kennen.

Die Drogen sind für mich wie ein Krebsgeschwür der Gesellschaft. Ein fatales, vielleicht sogar ein tödliches. So viel Leben wird dadurch verschwendet. Aber eine wirksame »Chemotherapie« gegen das Drogenproblem hat eben auch noch niemand gefunden. Mein Leitsatz für den Umgang mit Drogenabhängigen ist: Die Liebe bleibt, die Hilfe nicht. Ich unterstütze niemanden bei seiner Sucht, aber jeden, der den Kampf mit ihr aufnehmen will.

Den Jugendlichen, die den Kampf aufnehmen, zur Seite zu stehen – das will auch Jorge Fernandez. **Jorge,** der merkte, dass Alkohol seine Träume ertränkte. Und deswegen »*Talita Kum*«, »Mädchen, steh auf«, schuf.

Jorge Fernandez ist seit Jahrzehnten eine Säule unserer Arbeit. Er hat den Menschen in den Armenvierteln in den unterschiedlichsten Aufgaben gedient. Die Wurzeln seines Engagements liegen in seiner Jugend. Er hat Jura und Sozialwissenschaften in den Aufbruchszeiten der Sechzigerjahre studiert. In dieser Zeit schickte die katholische Universität ihre Studenten in den Semesterferien zu Sozialpraktika in die Fabriken, damit die Studenten eine Ahnung davon bekamen, unter welchen Bedingungen die Menschen arbeiten müssen. Jorges Familie besaß selbst eine große Wurstfabrik, die sicher mehr als fünfhundert Arbeiter hatte. Jorge schrieb seine Doktorarbeit über die Mitbestimmung von Mitarbeitern in einem Unternehmen, danach arbeitete er erst als Regionalleiter für das Entwicklungsministeriums, dann als Staatsanwalt, bis er das unter dem Militärregime nicht mehr mit sich verantworten konnte. Dann baute er für die Firma seiner Familie ein Logistikunternehmen auf.

Ende der Achtzigerjahre lernten wir uns kennen. Jorge hatte seine Jugendträume, an einer anderen Gesellschaft mitzuarbeiten, nie aufgegeben. Er dachte, er könne nichts, was für uns nützlich ist, weil er kein Arzt, kein Sozialarbeiter, kein Handwerker ist. Wie jeder intelligente Mensch hatte Jorge ein Bewusstsein für das, was ihm fehlte. Aber bei seiner kritischen Selbstprüfung hatte er nicht in den Blick genommen, dass er sogar sehr viel konnte, was wir brauchten: Noch bevor wir die »*Fundacion Cristo Vive*« gründeten, half er, der Organisation eine Struktur zu geben. Er übernahm die Rolle des Schriftführers, unterstützte mich bei der Bauleitung der Berufsschulen. Als wir 1994 das Gesundheitszentrum errichteten, übernahm er, der sich zuvor nicht einmal zugetraut hatte, sein eigenes Haus zu bauen, die komplette Bauleitung. Als der junge ehrenamtliche Schulleiter der Berufsschule an seine Grenzen kam, übernahm er seine Stelle für ein paar Jahre. Und wie wir Jorge gebrauchen konnten in all den Jahren! Später wurde er unser Geschäftsführer.

Es gab eine Zeit in seinem Leben, in der er zu viel Alkohol getrunken hat. Sicher war er kein Alkoholiker im engeren Sinn, aber ein Mensch mit einem erheblichen Alkoholproblem. Er erkannte das, stellte sich dem in einer Therapie und überwand seinen Alkoholmissbrauch. Jorge war dabei immer bewusst, dass er es ohne Therapie nicht geschafft hätte. Gerne erzählt er, wie er entdeckt hat, dass der Alkohol seine innere Berufung verdunkelte, der Verwirklichung der Träume seines Herzens schadete und ihm die Visionen für sein Leben raubte.

In der Berufsschularbeit war Jorge nun seinerseits besonders nah mit der zerstörerischen Wirkung der Drogen und des Alkohols auf die Jugendlichen konfrontiert, die sich, anders als er selbst, niemals eine Therapie würden leisten können. Oft redete er mit ihnen, erzählte ihnen von seinem Weg. Dem Leiden der Jugendlichen zuschauen zu müssen, setzte in Jorge enorme Kräfte frei – und einen neuen Traum: Er wollte anderen bei der Befreiung helfen, so wie er selbst Hilfe gefunden hatte. Er wollte ein Therapiezentrum mit einer Gemeinschaft von Therapeuten gründen. Dabei besuchte er fast alle chilenischen Initiativen und Zentren, ging nach Spanien und suchte dort nach dem erfolgreichsten Projekt, blieb mehrere Wochen und finanzierte daraufhin die Schulung und den einjährigen Aufenthalt zweier Mitarbeiter, die sich ihrerseits zu dieser Arbeit berufen fühlten. Er kaufte mithilfe der Luxemburger Freunde von »*Niños de Tierra*«, die er dafür begeisterte, ein geeignetes Haus, und im April 2000 war es so weit: Das Zentrum mit dem sprechenden Namen »*Talita kum*«, wörtlich »Mädchen, also junger Mensch, steh auf!«, konnte gegründet werden. Bis heute begleitet Jorge das therapeutische Team. Inzwischen ist ein zweites Zentrum entstanden, sodass um die fünfundzwanzig Kinder und drogenabhängige und straffällige Jugendliche und einhundert junge Erwachsene betreut werden können. 125 Plätze für Menschen, die sich von den Drogen ihr Leben nicht wegnehmen lassen wollen! Wie viele Leben werden dadurch berührt, wie viele bekommen eine zweite Chance. Und nutzen sie. So wie **Elisabeth**.

Elisabeth wohnt in unserem Viertel. Aber sie hat in ihrem Leben bessere Zeiten gekannt. Ihr Mann, der sie über alles liebte, hatte eine Arbeit, die der Familie eine private Krankenversicherung ermöglichte. Elisabeth hatte angefangen Drogen zu nehmen. Dabei hatte sie die Macht, die sie über das Leben von Menschen gewinnen können, völlig unterschätzt. In kurzer Zeit war sie abhängig, brauchte immer mehr Geld für ihre Sucht, Geld, das auch ihr Mann nicht erwirtschaften konnte. Er brachte Elisabeth in eine teure Drogenklinik. Da saß sie dann, wie sie heute sagt, wie in einem goldenen Käfig. Sie hatte ein elegantes Zimmer, genug zu essen, brauchte sich um nichts zu kümmern. Und wartete auf die Behandlung. Das ganze Setting half ihr nicht. Sie kam zurück, ohne dass sich etwas geändert hatte. In seiner Verzweiflung kam Elisabeths Mann zu mir. Ich sollte nun die Lösung finden. Das kann ich natürlich nicht. Ein Süchtiger muss sich schon selbst aus seiner Sucht befreien. Eine andere Möglichkeit gibt es nicht. Aber was ich immer kann, ist die Wege der Menschen mitzugehen. Ich besuchte Elisabeth zu Hause und redete mit den Therapeuten im »*Talita Kum*«. Als ein Platz frei wurde, durfte Elisabeth ihn haben. Sie zog ein – und dieses Mal saß sie nicht in einem goldenen Käfig. Bei uns müssen die Patienten bei allem, was zu tun ist, mitarbeiten: Essen zubereiten, putzen, Wäsche waschen.

Alles wird von allen zusammen erledigt. Für Elisabeth war das die Wende. Irgendwann hängte sie im Garten die Wäsche von irgendeinem der anderen Patienten auf und dachte sich: »Was tue ich hier eigentlich? Waschen, putzen, kochen – das kann ich doch auch zu Hause. Und da bin ich bei meiner Familie, habe meine Liebsten um mich, brauche nicht auf sie zu verzichten.« Das war, so beschreibt Elisabeth es immer wieder, die Wende. Das war der Punkt, an dem sie begriff, dass es um sie und ihr Leben ging, und dass sie entscheidet, wo und wie sie dieses Leben verbringt. Natürlich lag noch viel Arbeit an und mit sich selbst vor ihr. Aber jetzt war sie offen dafür.

Sie ist den Weg gegangen und bis heute – es sind sicher schon mehr als fünf Jahre ins Land gezogen – nicht rückfällig geworden. Elisabeth kommt oft bei mir zu Hause vorbei. Seit ihrer Genesung arbeitet sie in der Gemeinde mit, vor allem dabei, was wir »geschwisterliche Hilfe« nennen: Hilfe für Familien in unserer Gemeinde, die in Not sind, die am Ende des Monates nicht genug zu essen haben, die Kinderkleidung brauchen, einen Arzt, solche Dinge.

Elisabeth hat ihre Chance genutzt. Sie konnte das aber nur, weil Jorge erst in sich den Dämon des Alkohols bezwungen hatte und dann alles daran setzte, anderen bei der Befreiung von ihren Dämonen hilfreich beizustehen. Ein Kieselstein, geworfen ins Meer der verheerenden Wirkungen der Drogen, der beständig Wellen wirft und immer wieder zum Rettungsring wird. Dieser »Kieselstein« ist zugleich das Ergebnis einer segensreichen Herkulesarbeit eines Einzelnen – und doch nur ein Tropfen auf den heißen Stein angesichts der Zehntausenden Jugendlichen, deren Leben vor die Hunde geht.

Warum ich nicht resigniere? Vielleicht weil ich mich nie an das Leid der Menschen gewöhnen konnte, wofür ich sehr dankbar bin. Mein Herz ist all die Jahre offen geblieben, nie stumpf geworden. Ich kann alle Menschen als Kinder Gottes betrachten, die alle die gleichen Wünsche und die gleichen Rechte haben. Ich kann nicht alle retten, natürlich nicht. Niemand kann das. Aber ich kann mein ganzes Leben einsetzen. Ich kann alles in meiner Macht Stehende tun. Und ich kann weitermachen. Ich muss nicht aufhören, nur weil mir Hindernisse begegnen, während ich meine Träume leben will, auch nicht, wenn die Hindernisse mein Vermögen zu helfen immer und immer übersteigen werden. Dass man an unüberwindlichen Hindernissen scheitert und dennoch nicht scheitert, nicht verzweifelt, das gehört genauso zu meiner Vision wie das Ohnmächtig-Sein zu meinem Traum. Die Ohnmacht, das Ohne-Macht-Sein und, präziser noch, das Ohne-Macht-sein-Wollen, ist Teil des Programms, das ich jeden Tag lerne, indem ich mich jeden Tag an meinem Meister schule: Jesus. Er ist nicht nur gescheitert. Er ist auf ganzer Linie gescheitert: verurteilt, verhöhnt, verspottet, grausam umgebracht. Und weil er konsequent bis in den Tod geblieben ist, hat Jesus sich und seine Botschaft so glaubwürdig gemacht. Mehr als sein Leben kann niemand geben. Wegen dieser Glaubwürdigkeit gibt es seit zweitausend Jahren und bis heute Menschen, die für sich herausfinden wollen, ob Jesu Botschaft auch sie glücklich machen kann. Für meinen Teil kann ich sagen: Ja, das tut sie.

Auch Träumen will gelernt sein

Jeden Morgen nach dem Frühstück legen wir die farbenfrohen bolivianischen Tischdecken auf unseren kleinen Tisch, zünden eine Kerze an, verteilen die Bibeln, und dann liest eine von uns das aktuelle Tagesevangelium, die Frohe Botschaft für diesen Tag, vor. Als Gemeinschaft – wenn ich auf Reisen bin, auch alleine – lassen wir den Text in unsere Herzen fallen. Wir werden zu den Jüngern, die sich um ihren Meister versammeln und auf sein Wort, seine Botschaft für den Tag hören. Wir hören unseren Herzen und unseren Erfahrungen zu und teilen anschließend miteinander, was an diesem Tag angesichts der Menschen, Umstände, Herausforderungen, denen wir im Lauf des Tages begegnen, der Konflikte, mit denen wir aktuell konfrontiert sind, und dem Glück, das uns gerade ereilt, wichtig ist.

Dann werden die Erfahrungen geteilt, die jeder mit diesem Text, der für uns alle als Gemeinschaft eine besondere Bedeutung hat, gemacht hat. Teresa erzählt zum Beispiel, was einer ihrer Männer im Obdachlosenhaus gerade entdeckt hat: wie wichtig es ist, dass er regelmäßig zur Arbeit geht und seine Tage als sinnvoll erlebt. Und sie freut sich, dass das jemand sagt, der immer nur wiederholt hat, wie sinnlos sein Leben doch sei!

So wie wir halten es auch die Menschen in unserer Gemeinde, jedenfalls die, die sich näher mit unserem Weg verbinden wollen. Wir sitzen dann genauso zusammen, lesen ein kurzes Stück aus dem Neuen Testament und tauschen uns darüber aus. Ich staune immer neu darüber, wie effektiv diese Methode ist, wie tief die Einsichten gehen, mit wie viel Aufrichtigkeit die Menschen in ihre Herzen schauen. »Ihr seid das Licht der Welt«, heißt es in einem Jesuswort. Und ich höre Pablo noch sagen: »Der Jesus sagt ja nicht, ihr müsst das Licht der Welt sein. Nein, er sagt: Ihr seid es. Er hat so viel Vertrauen zu uns. Dabei weiß ich gar nicht, ob ich Licht bin. Gerade erst habe ich eine Mitarbeiterin zur Schnecke gemacht. Da war ich mit Sicherheit kein Licht.« Ich spüre oft, wie die Menschen zum Licht werden, wenn zum Beispiel eine Frau sagt: »Ich habe ja selbst nicht viel, aber was ich tun kann, das ist Leute besuchen gehen, denn Zeit habe ich.« Und wenn sie das dann tut, dann weiß ich, dass sie Licht sein wird für die Menschen.

Dass diese Art, die Bibel zu lesen, für mich *der* entscheidende Wendepunkt in meinem Leben geworden ist, habe ich weiter oben schon erzählt. Es hat mir ermöglicht, die Geschichten der Bibel, die Worte von Jesus so mit meinem Leben zu verbinden, dass der Glaube über mein Herz in meine Hände rutschen konnte. Dass ich *wirklich* anfangen konnte, das zu leben, wonach ich mich schon mein ganzes Leben, schon als kleines Mädchen gesehnt hatte.

Damals wollte ich Gott anfassen. Ich ging in unsere bayerische Dorfkirche. Alleine, mit angehaltenem Atem, wenn mich keiner beobachtete. Ich wusste, dass es verboten war, aber es war so wichtig für mich, Gott zu finden, dass es mir egal war, was verboten war und was nicht. Ich wollte Gott wirklich buchstäblich anfassen und fragte mich, ob Gott wohl im Tabernakel sei oder im Kelch, im Segen mit den Hostien oder in der Klingel. Wo ist denn dieser Gott nur, der da in der Hostie hochgehoben wird?

Es war ein langer Weg der Suche. In den Jahren des Noviziates hatte ich immer den Gott im Kopf, wie er theologisch erkannt wird, wie es mich gelehrt wurde. Aber ich wollte ihn mit dem Herzen lieben, nicht nur mit dem Verstand, der nicht erkennen, sondern nur annehmen kann. Der blinde Glaube war damals angesagt, aber das war nichts für mich. Nicht die Gottesbeweise und auch nicht die Gegenbeweise, für die ich durchaus offen war. Ich las alles, was ich zu diesem Thema finden konnte.

Umso mehr atmete mein Herz auf, als es in Lateinamerika mit dem dortigen Weg der Gottsuche und Gotteserkenntnis in Kontakt kam. Natürlich hätte das auch irgendwo anders geschehen können. Aber in meinem Leben war es eben so, dass ich in Lateinamerika gelernt habe, das Evangelium als eine Botschaft und als eine Praxis zu betrachten. Die Praxis führte mich zu dem Jesus, den ich so sehr gesucht hatte, in das Leben, das ich gesucht hatte. Da gibt es Evidenzen.

Wie diese Praxis im Alltag aussieht? Nun, nehmen wir an, ich bete, und währenddessen klopft es. Dann steht die Praxis im wahrsten Sinn des Wortes vor meiner Tür. Nun entscheidet sich: Was passiert jetzt mit dem anderen? Und mit mir? In welche Beziehung trete ich zu ihm? Und was genau bin »ich« dann? Bin ich nur »die Karoline«? Oder gelingt es mir, das Evangelium so im Herzen zu halten, dass die Menschen durch mein Handeln die Liebe Gottes fühlen können? Die Botschaft, verstand ich plötzlich, ist einfach, das Evangelium zu praktizieren. Das meint: Das, was ich lerne, im ganz konkreten, ganz alltäglichen Leben im Umgang mit den Menschen anzuwenden, zu fragen: Was erzeugt meine Beziehung an Wechselseitigkeit? Und was bedeutet die Botschaft ganz konkret für diese Menschen? Wie muss ich das Evangelium umsetzen, in der kleinen und der größeren Welt?

Ich habe mir und anderen diese Fragen gestellt und meine Antworten gelebt. Dann habe ich voll verwundertem Staunen die Effekte gesehen, erst in der Basisgemeinde, dann in der Familie, in der Siedlung, in der Gesellschaft, im Politischen. Nichts war so effektiv wie Liebe, die nichts im Gegenzug wollte. Liebe, die ohne Erwartung in die Welt gegeben wurde. Plötzlich wurde diese jesuanische Botschaft: »Ich war hungrig und du hast mich gespeist« Realität, wurde zu einer greifbaren Wirklichkeit. Denn Jesus identifiziert sich mit dem, der Hunger hat. Er sagt: »Das bin ich. Wenn ihr für mich da sein wollt, dann gebt mir zu essen. Oder heilt mich. Ich bin der, der krank ist. Oder seid für mich da, ich bin der Fremde. Ich bin der, der überfallen wird. Kümmert euch um die, die unter die Räuber geraten, dann kümmert ihr euch um mich. Dann bin ich in dem, der unter die Räuber geraten ist.« Und er sagt weiter: »Gott ist in der Gerechtigkeit.«

Für mich macht Jesus Gott durchsichtig, durch Jesus kann ich Gott in der Welt sehen. Jesus ist für mich das Bild Gottes, eines, das ich hören kann in der der Frohen Botschaft. Ich habe mir immer gewünscht, das Evangelium wäre hundertmal umfangreicher gewesen und hätte sich nicht beschränkt auf so ein schmales Bändchen. Die Botschaft ist so klein. Aber nach all den Jahren muss ich sagen: Für mich ist alles Wichtige drin. Wenn ich sie ausschöpfe, dann brauche ich nicht mehr Worte, dann öffnet sich die Welt in all ihren Facetten. Ich könnte jedenfalls nichts sagen, nichts aufzählen, kein Problem, keinen Konflikt, keine Anfrage, auf die ich nicht im Evangelium eine Antwort gefunden hätte.

Dass die Botschaft des Evangeliums eine Realität wurde, habe ich vor allem an den Beziehungen zu den anderen Menschen bemerkt. Das war das Allerwichtigste: Gott in ihnen zu erkennen, in ihnen meinen Bruder, meine Schwester zu erkennen und deswegen sagen zu können: »Meine Schwester, mein Bruder, du bist mir nicht zu schwer. Auch dann nicht, wenn es mir fast zu schwer wird. Oder gerade dann kann ich mich daran festhalten.« Denn wie könnte mir mein Bruder, meine Schwester zu schwer werden?

Manchmal ist es mir ganz buchstäblich so gegangen. Wir haben ja viele kleine Kinder, Säuglinge, eine Weile bei uns gehabt. Sie lagen in irgendwelchen Kartons vor unserer Tür oder sonst wo, waren verlassen, weil die Eltern sich nicht kümmern konnten. Bis wir eine Lösung gefunden hatten, waren die Kinder dann bei uns. Einmal, ich weiß es noch wie heute, kamen die Nachbarn gelaufen. Sie hatten verzweifelte Kinderschreie gehört. Ihre Eltern, ebenso verzweifelt, hatten sie zurückgelassen. Einen kleinen Jungen nahmen die Nachbarn auf, aber für das kleine Mädchen gab es auf die Schnelle niemanden, der sich kümmern konnte. Das kleine Bündel Mensch schrie. Tag und Nacht. Nacht und Tag. Ohne Unterlass. Ich habe sie tagelang am Körper getragen. Und je schwieriger es wurde, je mehr meine Kräfte schwanden, desto mehr habe ich mich wie an einem Rettungsring an meinem Mantra festgehalten: »Du bist meine kleine Schwester, du bist mir nicht zu schwer. Nein, meine kleine Schwester, du wirst mir nicht zu schwer!« Und es hat geholfen. Meine kleine Schwester wurde mir nicht zu schwer.

Wenn ich hinter den Menschen Gottes Welt erkenne, dann ändert sich alles. Dann erfülle ich einerseits meine Aufgabe, meine Sendung. Und andererseits werde ich dabei und dadurch die, die ich sein kann. Wenn ich mich ganz auf die Aufgabe einlasse, sie ganz annehme, gleich, welche Pläne ich eigentlich hatte, dann sind alle meine Kräfte frei und nicht mehr in die Widerständen gebunden, dass ich etwas anderes vorhatte, dass ich andere Vorstellungen von meinem Tag hatte, dass die Aufgabe nicht zu meinen Terminen passt usw. Wenn ich mich ganz auf die Aufgabe einlasse, weil ich Gottes Wille erkenne in dem, was die Menschen brauchen, wenn ich so auf die Welt schaue, dann sprüht meine Seele nur so von Kreativität und Fantasie, von Ideen, Tatkraft und Lösungen. Immer dort, wo Menschen sich darauf einlassen, im anderen den Bruder oder die Schwester zu erkennen und irgendwelche Probleme zu lösen, wird deutlich, was möglich ist. Und oft fügen die Dinge sich dann, zeigen sich Lösungen, die niemand gesehen hat. Natürlich sagen viele, das sei einfach Zufall. Aber für mich ist es kein Zufall. Für mich sind die Dinge, die Menschen so, wie ich geführt werde oder mich führen lasse. Nicht zum Zufall, sondern zur Fügung oder zu dem, was mir zufällt. Und auf das, was mir zufällt, antworte ich.

Ich antworte jedoch in einer Realität, von der ich glaube, dass sie über mich hinausgeht: die Transzendenz, Gott, den ich mich nicht mehr traue zu beschreiben, außer mit Wörtern wie: die unendliche Liebe, die unendliche Schöpfung, das unendliche Wesen, aus dem alles fließt, aus dem alles kommt, in dem ich ein Bewusstsein habe. In dieser Realität will ich meine Sendung möglichst erfüllt haben, wenn ich einmal von dieser Welt gehe. Doch ich weiß, dass die Dinge von der anderen Seite auf mich zukommen. Nicht immer haben wir die Antennen dazu, die Haut, es aufzunehmen, die Ohren, die Augen, die es erfahren. Aber ich spüre in meinem eigenen Leben die Verwandlung.

Den Schlüssel zu dieser Verwandlung hat mir die lateinamerikanische Theologie in die Hand gegeben. Ich war vorher immer diejenige, die sich in die vielen theologische Themen eingearbeitet hat. Ich habe versucht, alles zu studieren, was ich erfahren konnte, um mich weiterzubilden. Gott hat mich immer interessiert. Aber in der lateinamerikanischen Theologie mit ihrer Verantwortung für die Welt, die Ökologie, das Wissen um die Weisheit der Urvölker, darin bin ich zu Hause. Theologie ist das Reden von Gott – doch wie können wir davon reden, wenn es eine ganz andere Kategorie ist? Dann ist maximal noch eine Annäherung möglich. Und was könnte näher an mich herankommen als ein anderer Mensch? Das ist dann Jesus von Nazaret für mich. Wer er ist? Ein Mensch, der von den anderen als Meister erkannt wurde. Ein Mensch, der sich auch gesendet fühlte, der den Menschen etwas zu sagen hatte. Ein Mensch, der spürte, dass er die Kraft Gottes in sich trug.

Wenn wir in der lateinamerikanischen Theologie von Gott reden, dann beziehen wir uns auf den, der die Frohe Botschaft gebracht hat. Es geht nicht darum zu philosophieren, sondern die Botschaft im Herzen aufzunehmen und im Leben umzusetzen, im persönlichen und im gemeinschaftlichen. Wo das geschieht, da passiert etwas. Im Herzen kehrt etwas um.

Statt dass Gebote vermittelt werden, was du also tun musst oder nicht tun darfst, geht es darum, dass du gestärkt wirst, dein Leben zu bestehen und so zu bestehen, dass es gut ist für dich und für die Welt, die Gesellschaft. Diesen Jesus, der hinter dieser Botschaft steht, erkenne ich wie andere ihren Roshi oder Lama oder Swami oder Guru als meinen Meister, den Meister meines Lebens an. Ein geistlicher Meister, der mir hilft bei der Suche nach Gott, nach einer Gottbegegnung im mystischen Sinn. Die Menschen, die mit mir denselben Meister haben, zusammen mit den anderen, die an Jesus glauben, sind Jüngerinnen und Jünger. Jesus ist der, dem wir glauben, dem wir folgen und der uns den Weg weist, der uns einführt in die Wahrheit, ins Wissen über Gott. Ich habe dabei entdeckt, dass es unglaublich ist, wie tief die Weisheit Gottes ist, die sich in den verschiedenen Menschen offenbart, wie sie ein Ausdruck wird in den Geschwistern, in den Mitjüngerinnen und Jüngern dieser Welt, die verwirklicht und konkretisiert wird im täglichen Leben.

Diese Weisheit ist unerschöpflich. Ich lerne jeden Tag davon und fühle mich wunderbar bereichert. Das betrifft alle Lebensbereiche und hilft, um Ängste durchzustehen, um auf Zweifel Antwort zu bekommen, um Geduld zu haben, um Erklärungen zu finden für mein Leben oder auch um zu wissen, dass es manchmal keine Worte gibt. Nämlich dann, wenn es sich um Schicksalsschläge handelt oder um unsägliches Leid, bei dem man nur daneben stehen kann und nichts anderes in der Hand hat als mitzuleiden, mitzutragen oder Liebe zu zeigen durch Gegenwart. Ich fühle mich allerdings auch nicht unter Druck, dass ich eine Antwort haben muss, wenn ich sie nicht habe. Ich weiß, dass es Geheimnisse des Lebens und des Todes gibt, die ich noch nicht entschlüsselt habe und vielleicht nie entschlüsseln werde. Aber das kann ich akzeptieren, ich kann es auch tragen. Manchmal erscheint auch plötzlich hinter einem Tod die Auferstehung, ganz unerwartet. Manchmal wächst auch ganz neues Leben. Oder Menschen können sagen: »Durch diesen Schmerz habe ich neues Leben, die Freude, andere Werte entdeckt.« Das ist immer wieder eine Überraschung: Nichts, was in der Welt passiert, ist ausgeschlossen aus dieser göttlichen Dimension.

Ich habe mein Leben in die Beziehung zu diesem Jesus, der mir Gott, seine Liebe und seine Weisheit aufschließt, eingeschrieben. Und wenn es an dieser Stelle um die Hindernisse geht, denen wir unweigerlich begegnen, wenn wir ernst machen damit, unsere Träume leben zu wollen, und um das Scheitern, darum, die Ohnmacht auszuhalten, dass immer neue Generationen von Jugendlichen den Weg in Kriminalität und Drogen gehen, dann lerne ich im Umgang mit Ohnmacht besonders viel von Jesus. Niemals hätte ich ohne ihn meinen Weg gehen können.

Jesus hätte seinem Schicksal entrinnen können, als er merkte, es wird immer enger. Aber er hat es nicht getan, weil – das ist meine tiefste Überzeugung – Jesus aus seiner Beziehung zu Gott lebte, aus seinem Vertrauen zu Gott handelt. Im Vertrauen auf Gott handelt man anders, das macht den ganzen Unterschied.

In diesem Wissen, wer Gott ist, hat Jesus aus der Beziehung und dem Vertrauen zu Gott gehandelt, seine Jünger gelehrt, ausgebildet und befähigt. Einige haben ihn verlassen, und er überlässt es ihnen zu gehen. Einige andere sagen wie der Petrus: »Du hast Worte des lebendigen Gottes, wohin sollen wir gehen, wenn nicht zu dir?« Sie hatten erfahren, dass das auch ihr Weg war. Ich glaube, dass Jesus das Bewusstsein hatte, wie wichtig es war, dass er konsequent blieb bis zum Ende, damit er Gott den Menschen näherbringen konnte.

Jesus wusste: Wenn ich nicht konsequent bis zum Letzten zu dem stehe, was ich gelehrt habe und bis wohin wir gegangen sind im Verhältnis zu Gott und im Dienst am Reich Gottes, dann zerfällt alles. Dann gehen alle nach Hause. Dann wird meine Botschaft keinen Bestand haben. Es wären nur Worte geblieben, es wäre nicht Wirklichkeit geworden. Seine Jünger hätten diese Wirklichkeit dann nicht erfahren können. Sie mussten wie die Emmausjünger erst die Erfahrung machen, dass es alles Wirklichkeit wird, dass alles wahr war, was Jesus gesagt hatte.

Ohne den Tod, ohne das Scheitern gibt es keine Erfahrung von Auferstehung. Wir können uns das nur schwer vorstellen. Dafür brauchte es die Konsequenz bis zum Letzten, um das zu besiegeln. Ich persönlich denke das auch für mich. Ich bitte Gott darum, dass ich bis zum Letzten treu sein kann, so wie Jesus gelebt hat: treu zu sich selbst und zu Gott. Treu bis zuletzt bedeutet: Das was ich gelehrt habe, dafür gebe ich mein Leben, dafür bin ich bereit zu sterben.

Genauso verhält es sich mit der Besitzlosigkeit: Ich habe von Jesus gelernt, dass ich ohne Besitz viel mehr von Gott erfahren kann. Und in der Folge ihn, also Gott, auch viel sichtbarer machen kann. Machtlosigkeit und Besitzlosigkeit gehören für mich eng zusammen. So wie ich Auferstehung nur durch die Erfahrung des Todes machen kann, so kann ich die Erfahrung, dass für mich gesorgt ist, nur durch Besitzlosigkeit machen. Nur wenn ich das Vertrauen habe, dass für mich gesorgt wird und ich mich also der Fürsorge Gottes überlasse, der versprochen hat, sich um die Lilien auf den Feldern und die Vögel im Himmel und erst recht um Menschenkinder zu sorgen, nur wenn ich auf diese Karte setze, kann ich erfahren, ob es stimmt. Wenn das gilt, dann gilt gleichzeitig: Je radikaler ich darauf setze, diesen Weg zu gehen, desto mehr kann ich von Gott erfahren, desto freier und segensreicher kann ich werden – und umso glücklicher. Allerdings, und das ist mir außerordentlich wichtig, nur unter einer Bedingung: dass diese Radikalität nie fanatisch ist, sondern frei und auch frei lässt.

Wenn ich so frei war, mein Leben ohne Erwerbsarbeit zu gestalten, mein Vertrauen ganz auf Gott zu setzen, der uns zugesagt hat, für die Lilien, die Vögel und uns zu sorgen, dann trage ich auch die Verantwortung für dieses Handeln. Dann weiß ich, dass keine Rente auf mich wartet und auch keine Krankenversicherung mich auffängt. Darüber habe ich natürlich nachgedacht. Aber ich weiß, dass ich mit meiner Hände Arbeit so viel verdiene, dass ich leben kann, in einer Küche oder als Toilettenfrau. Ich weiß aber auch, wenn ich invalid werde, sodass ich mich nicht mehr bewegen kann, dann bedeutet diese Radikalität, dass ich schon in mir die Stärke akkumuliere für solche Situationen, im Vertrauen auf Gott lebe, dass sich dann Menschen meiner erbarmen, dass ich gepflegt werde, dass ich das noch leben kann, solange Gott mich auf der Erde halten will. Das sind die schwierigsten Situationen, über die ich aber natürlich auch nachgedacht habe.

So kann man nur aus einer inneren Freiheit heraus leben und in dem Bewusstsein, was alles passieren kann. Man muss sich auch die Frage beantworten: Glaubst du, dass du so stark bist? Ich kann für mich nur sagen: mit Gottes Hilfe, ja.

Jesus liebte die Menschen bis ins Extreme, er hat sein Leben für sie aufs Spiel gesetzt. Doch er hat auch selbst gesagt: »Mein Gott, mein Gott, warum hast du mich verlassen?« Das war kein Freudensprung. So im Vertrauen zu leben impliziert natürlich, dass man selbst die Kraft und die Demut hat, von anderen versorgt zu werden, dass man zulassen kann, abhängig zu werden von anderen und wirklich nichts tun zu können gegen diese

Abhängigkeit. Das kann für Menschen, die Freiheit lieben, ganz schwierig werden. Aber es gehört zu dem Traum dazu, den ich von meinem Meister Jesus lerne.

Die Nacht ist die Zeit der Träume

Wenn ich bisher über das Träumen gesprochen habe, dann ging es immer um die Träume des Herzens, um das, was wir mit auf diese Welt gebracht haben und, wollen wir nicht unglücklich wieder von dieser Welt gehen, während der Zeit, die wir auf der Erde haben, ins Leben gebracht werden muss. Ich meinte die großen Träume unseres Lebens, die, so würde ich es vielleicht mit meinen Worten sagen, Gott uns mit auf unsere Lebenswege gegeben hat, die aus Gott zu uns fließen und vielleicht sogar eine der Verbindungen von uns zum Göttlichen sind, die Fäden, die uns in den großen Stoff des Seins, des Göttlichen, weben.

Dann gibt es aber auch noch die Träume, die nicht in unserem Herzen wohnen, sondern uns unser Unbewusstes eingibt, die uns nachts im Schlaf aufsuchen. Oft bin ich mehr als erstaunt, wie viel die einen jedoch mit den anderen zu tun haben.

In den Träumen der Nacht spielt nichts eine Rolle: kein Ort, keine Zeit. Alles ist möglich, jeder kann in Sekundenschnelle überall sein und in jeder Zeit: heute, gestern, in der Steinzeit, in der Zukunft. Alle Bedingungen, alles Gebundensein an einen Körper, an eine Zeit und einen Ort spielen keine Rolle. Ebenso wenig wie unsere normalen Fähigkeiten: Im Traum können Blinde sehen, Lahme gehen und Klärgruben wie Rosen duften. Im Traum ist einfach alles möglich!

Vielleicht helfen mir die Erfahrungen, die ich nachts beim Träumen mache, dass ich an dem großen Traum meines

Lebens – ein gutes Leben für alle – nie verzweifle. Wenn schon im Traum alles möglich ist – wie sollte es denn bei Gott unmöglich sein?

Ein neuer Tag: Mein Traum? Ein gutes Leben für alle

Ein gutes Leben für alle, so, wie es sich die Bolivianer in ihre neue Verfassung geschrieben haben, das ist mein Traum, ist es immer gewesen. Ich kann mir auch nicht vorstellen, dass sich das in meinem Leben noch einmal ändern könnte. Und ich meine auch wirklich ein gutes, nicht ein besseres Leben, weil »besser« bedeutet, dass es dann wieder für die einen, die es besser schaffen oder mehr haben wollen, besser wäre, für die anderen aber schlechter. Nein, das ist nicht mein Traum. Ich wünsche einfach allen Menschen ein gutes Leben.

Ein gutes Leben für alle – das ist auch eine Formel, auf die ich mich mit vielen Menschen einigen kann. Das ist eine Formulierung, mit der als Schnittmenge unserer Träume viele Menschen einverstanden sind, und deshalb ihren Platz in unseren Diensten finden können, um ihren eigenen Traum zu verwirklichen. Menschen mit den unterschiedlichsten Zielen können das unterschreiben: die, die sich Gerechtigkeit wünschen, die an einer humaneren Welt mitbauen wollen usw. Niemand braucht dazu eine religiöse, spirituelle oder sonstige Motivation, was mich aber nicht daran hindert, diese gute Welt für alle mit Gottes Traum für die Menschen zu verbinden.

Gottes Traum für die Menschen – das ist für mich immer das Reich Gottes auf der Erde gewesen. Schon als kleines Mädchen träumte ich von einer besseren Welt. Aber was war es für ein weiter Weg, bis ich begriff, was es mit diesem Reich Gottes auf sich hat!

Heute verbinde ich alles, was ich tue, mit dem Gedanken, am Reich Gottes, das Gott sich für die Menschen wünscht, zu bauen. Damals habe ich noch nicht vom Reich Gottes geträumt, so wie ich es heute tun kann. Ich kannte den Ausdruck, ja. Aber die Verbindung von dem, was ich tat, mit dem, wie Jesus das Reich Gottes beschreibt, konnte ich damals noch nicht herstellen. Erst sehr viel später habe ich verstanden, dass dieses Reich nicht vom Himmel fällt, dass es nicht Gott ist, der einfach etwas tut oder lässt, sondern dass das Reich Gottes in unseren Händen liegt.

Als ich noch ein junger Mensch war, waren die Gleichnisse für mich fast wie etwas Außerirdisches, jedenfalls taugten sie nichts für diese reale Welt. Es war mehr etwas, das nur im Herzen passiert, im Geist, im religiösen Umfeld. Vom »Reich Gottes« hat unser Pfarrer mit pathetischer Stimme gesprochen. Mit meinem Leben hatte das nichts zu tun.

Dass das Reich Gottes etwas sehr Konkretes ist, zum Beispiel genug zu essen für die Menschen, Gesundheit, Befreiung von Drogen, von Alkohol, von Sünde und nicht nur von Sucht, sondern auch von dem übermäßigen Genuss, Befreiung von Neid, Eifersucht, Macht, das habe ich erst nach langer und schmerzlicher Suche begriffen.

Bei den alten Propheten heißt es, das Reich der Gerechtigkeit und des Friedens bedeutet Würde für alle. Bei mir ist das heute ganz innig verbunden mit einem guten Leben für alle, in dem es genug zu essen für die Menschheit, in dem es genug Entwicklungsmöglichkeiten für die Menschen gibt. Entwicklung hier verstanden als ein Ziel, das zur Verwirklichung drängt, in Einzelnen wie in den Nationen, in aller Welt.

Vielleicht kann ich es so sagen: Für mich ist das Reich Gottes inzwischen inkarniert in der menschlichen Wirklichkeit, in unserer materiellen, emotionalen und geistigen Welt.

Früher war das Reich Gottes nichts als eine fromme Vorstellung. Ich habe gelernt, dass es dabei darum geht, dass Gott uns nah ist, aber vor allem, dass wir Gott ehren, ihm dienen, dass wir Opfer bringen für ihn und aus dieser Motivation heraus Liebesdienste tun für die Menschen. Ich hätte das früher jedoch nie mit ganz konkreten politischen und wirtschaftlichen Entscheidungen, mit wirtschaftspolitischen Gesellschaftsformen zusammengebracht. Aber heute ist der Reich-Gottes-Gedanke für mich untrennbar verwoben mit unserer menschlichen Gesellschaft, mit der Weltanschauung, der Kultur, mit all dem, was unser Menschsein ausmacht.

Meine Erfahrungen in Lateinamerika, in dem, wie die Menschen dort mit dem Evangelium umgehen, haben diese neue Vorstellung vom Reich Gottes möglich gemacht. Der Versuch der Menschen, das, was Jesus im Evangelium, in der Frohen Botschaft, verkündet, mit ihrem eigenen Leben zu verbinden, das machte den Unterschied.

Doch viele Menschen, auch seine religiösen »Vorgesetzten«, haben Jesus nicht verstanden. Sie haben nicht begriffen, dass es ihm nicht um religiöse Praktiken ging, sondern um eine große Vision eines Friedensreiches. Ein solches Reich des Friedens erreichen Menschen durch die Bereitschaft, auf den anderen zuzugehen, jedoch nie, wenn sie sich untereinander zu Feinden erklären. Wenn die Fronten so verhärtet sind, dass es nur mit Waffen geht, dann ist das ein Debakel für die Menschheit. Wenn Konflikte so gelöst werden, hat unsere Menschlichkeit versagt, denke ich heute.

Ich habe erlebt, dass überall dort, wo Menschen das Evangelium leben, Menschlichkeit und Würde wachsen. Eine Würde, die jeder fühlen kann. Wenn sich das verwirklicht, dann merkst du, das war Jesu Projekt, das ist das Reich Gottes.

Zum Reich Gottes gehört es, auf eigene Vorteile, auf eigene Macht, auf Anhäufung von Reichtum in wenigen Taschen zu verzichten. An dieser Stelle ist das Reich Gottes ein wirkliches

Antimodell zum Kapitalismus. Ein Kapitalismus, der unterstützt wird von einer Religion – das war ganz sicher nicht Jesu Vision vom Reich Gottes. Und auch nicht, dass Reichtum als Segen Gottes angesehen wird, als eine Bestätigung, dass ich Gott gefällig bin, wenn man nicht gleichzeitig nachfragt, wie dieser Reichtum generiert wurde. Ist er nur möglich, weil Menschen dafür ihren Schweiß und ihr Blut gegeben haben, ohne selbst etwas davon zu haben, wie es sich heute durchgesetzt hat auf der Welt, dann kann das in meinen Augen nichts mit dem Reich Gottes zu tun haben. Eine Welt, die sich in der Hauptsache nach den Finanz- und Wirtschaftsinteressen der Menschen auf der Nordhalbkugel der Erde richtet, und das auf Kosten der Menschen auf der Südhalbkugel – das ist äußerster Zündstoff. Spätestens an dieser Stelle wird der Gedanke des Reiches Gottes, wird der Traum Gottes für die Menschen hochpolitisch.

So wichtig es für mich ist, das große Ganze nicht aus dem Auge zu verlieren, hätte man den Begriff vom Reich Gottes falsch verstanden, wenn es *nur* darum ginge, die ganze Welt zu retten. Es geht um das große Ganze genauso wie um das unscheinbarste Kleine. Ein Leben in Fülle für alle entscheidet sich an jeder Geste, jedem Lächeln, jedem Gruß. Es geht um jede Tat und darum, wie ich mein eigenes Leben in dieser Gesellschaft, in dieser Welt baue, zusammen mit anderen.

Heute ist der Gedanke des Reiches Gottes für mich bei allem dabei. Das ist für viele Menschen ein fremdes Bild, eine schwierige Sprache, das weiß ich wohl. Manchmal mache ich mir dennoch den Spaß, dann sage ich zum Beispiel zu einem verdutzten Lehrer: »Du baust ja kräftig am Reich Gottes, so wie du die jungen Menschen auf das Leben vorbereitest!«, auch wenn der erst einmal nicht versteht, was ich damit meine. Ich möchte jedoch viele Menschen dazu ermutigen, dass sie ein Ziel vor

Augen haben, mit dem sie ihr Leben deuten können im Bezug auf etwas Größeres, für das sie auf der Welt sind.

Die Würde, ohne die es kein Reich Gottes gibt, kann jeder Mensch, ohne Ausnahme, finden. Dafür braucht niemand andere Strukturen, niemand muss die Welt retten, Politiker, Manager oder ein neuer Albert Schweitzer werden. Würde kann noch der heruntergekommenste Mensch finden, wenn ihm nur jemand in die Augen schaut und ihn dabei an seine Würde erinnert. Das ist sogar bei Menschen möglich, die niemand sonst mehr wahrnimmt, zum Beispiel **Ivan**.

Eines Tages bummerte jemand gegen meine Tür im Armenviertel von Santiago de Chile. Dumpf hörte ich nur ein Wort: »Hunger.« Hinter dieser Tür lebe ich jetzt seit so vielen Jahren, und wer in Not ist, weiß, hier findet er Hilfe. Als ich aber die Tür öffnete, stand niemand davor. Ich musste nach unten schauen, um den Besucher zu sehen. Er hatte verlauste Haare, verfilzte, zerrissene Kleider. Der ganze Körper war gezeichnet von billigen Drogen, Klebstoffschnüffeln zum Beispiel. Dieser Mensch war auf vier Beinen meine Stufen hochgekrochen wie ein Hund.

Wortlos bin ich in die Küche gegangen, habe Essensreste gewärmt, sie auf einen Teller gefüllt, Messer und Gabel genommen und alles das zu diesem Jemand getragen, der immer noch auf der Schwelle zu meinem Eingang kauerte. Ich griff ihm unter die Arme, zog ihn hoch und schaute ihm in die Augen. »Wie heißt du?«, fragte ich ihn. »Ivan«, war die Antwort. »Ivan, du bist ein Mensch. Menschen haben einen Namen und Menschen gehen auf ihren Füßen. Ihre Hände brauchen sie für andere Dinge. Hier, ich habe etwas zu essen für dich. Setz dich und iss wie ein Mensch«, sagte ich zu ihm.

Nie werde ich die Verwunderung in Ivans Augen vergessen, so, als hätte ich ihn an etwas erinnert, was er schon lange vergessen, aber irgendwann einmal gewusst hatte. Es war wie ein Wunder, denn Ivan zog sich an meinen Armen hoch, wackelte zu unserem Tisch und ließ sich von mir helfen, sich hinzusetzen. Er versuchte sogar, mit Messer und Gabel zu essen.

Später habe ich Ivans Geschichte erfahren. Früher war er Mathematiklehrer. Wenn er über die Straße ging, grüßten die Menschen ihn. Heute macht das niemand mehr. Ivan geht ja auch nicht mehr über die Straßen. Seitdem er keine Kraft mehr hatte, sich aufzurichten, kroch er, bewegte sich nur noch auf Händen und Füßen.

Ivan lebt immer noch auf der Straße, schnüffelt immer noch Drogen. Und wenn ich an ihm mit meinem kleinen Jeep vorbeifahre, halte ich oft an, beobachte ihn aus der Ferne, wie er unter einer Laterne sitzt, ganz und gar versunken, fokussiert auf irgendeine Billigdroge, schnüffelt, irgendein Teufelszeug inhaliert, es fast liebkost. Er bekommt nichts um sich herum mit. Er ist ein Bild des Jammers, natürlich. Und es zerreißt mir schier das Herz. Alles, was mir bleibt, ist, ihn mit liebevollem Blick aus der Entfernung zu umfangen. Und doch, inmitten all des Elends: Seit dem Tag, an dem Ivan an unsere Tür wummerte, geht er wieder auf zwei Beinen.